心理学
エレメンタルズ

アンディ・ベル＝著
渡辺恒夫・小松栄一＝訳

論争のなかの心理学

どこまで科学たりうるか

新曜社

DEBATES IN PSYCHOLOGY
by Andy Bell

Japanese translation published by arrangement with
Taylor & Francis Books Ltd through The English Agency (Japan) Ltd.

マーク・ホートン（1963 - 1997）を偲んで
娘たち、アミイとジョージアに

目次

付章　関連する重要研究――211

図リスト

装幀＝加藤俊二

第1章　心理学の論争とは？

- ◆心理学と哲学
- ◆本書の構成
- ◆心理学における知識と真実
- ◆論争のそれぞれの関連
- ◆まとめ

◆心理学と哲学

本書が扱う「論争」とは、心理学をめぐる哲学上の係争問題のことを言う。**哲学**（philosophy）という単語はギリシア語から来ており、文字通りの意味は「知恵／真実への愛」である。つまり本書の主たる関心は、心理学をめぐるさまざまな考え方がどこまで「真実」なのかを検討する一連の論争を紹介するところにある。たとえば第4章では、心と身体は別々ではあるがともかく因果的に結びついた「もの」であるという考え方や信念への、賛否両論が登場する。こうした信念を抱くことはどこまで筋が通っているのだろうか。各人がいろいろな考え方をしているかもしれないが、当然そのすべてが真実であるわけではない。

議会での論争の場合、それぞれの政治家は特定の問題に関するある態度（あるいは立場）に対して、賛成なり反対なりの主張をする。主張の強さは、ふつうならその主張の説得力の程度に比例しているはずである。言い換えると、提唱する議論の道筋がどこまで「真実」であると見なせるかに比例しているはずである。これは当然、発言者が持論の支えとして持ち出す証拠の評価にも関わる。それと同じことが、ここで取り上げる心理学のさまざまな論争にもあてはまる。本書の各章では、論点となる特定の問題への賛否両方の議論と証拠を紹介していく。議会で論争する政治家たちはずいぶんと違った見解やしばしば正反対とさえなる見解を示すことがあるが、これとまさに同じことが、心理学者たちにも言えるのである。そこで、本書の読者は、証拠として示されたものをじっくりと天秤にかけてみなければならない。実際、もし本書に関して心理学の試験問題を作るとすれば、模範解答はそうなるに違いない。良い解答というのは、特定の論点に関するさまざまな心理学者のさまざまな立場を十分に考慮したうえで、バランスのとれた論理的な議論を提出しているのである。

◆本書の構成

本書のそれぞれの章は、以前の章で紹介済みの題材に基づいて書かれるという構成になっている。たとえば、第5章で心理学は科学になりえるかどうかに話が及んでいる場合には、それより前の章で基調をなしていた論争が、議論に持ち越されているのである。もし自由意志（第2章）が錯覚であり、すべての行動や心的生活が因果関係の決定論的な連鎖の結果であるとすれば、その因果関係を確立することは科学という活動の伝統的な目標と見事に一致する。とすれば論理的に言って、心理学は「科学的」アプローチを採用すべきである。また、還元主義の問題は第3章で扱うが、そこで強調されているのは、人間をより小さな構成単位に分解してその働きを理解しようとすることが、心理学にとって有益かどうかである。このアプローチもやはり、科学という言葉がふつうに意味するものの見事な典型である。次に、心身問題の説明（第4章）が続く。ここでは、この心身問題が科学的還元主義がはらむ問題の格好の例として取り上げられることになる。

第5章で、それまでの各章で持ち上がった問題をつなぎ合わせてみたあと、氏（生まれ）か育ちかの論争の説明（第6章）に進む。これがその次の行動主義についての章の土台を準備することになる。そしてそこで、行動主義が主張する極端な環境決定論――育ちの強調――の妥当性と有用性が検討されることになる。

◆——心理学における知識と真実

心理学は科学であるべきか、あるいは科学になりえるのかをめぐる論争（第5章）は、心理学者がどのように知識を集め、それをどのように解釈するのかという問題と実際に関係してくる。またこれは、そうした知識の真実としての地位とも関わっている。実際、そうした知識はどこまで本当に真実なのだろうか。もちろん、心理学の方法（あるいはアプローチ）のなかには、より科学的なものとそうでないものとがある。多くの場合、その本当の意味は、心理学が知識を獲得するアプローチには、より客観的なものとそうでないものがあるということである。だが、多くの心理学者の議論によれば、客観性に関係する主要な問題は、個人の内的な世界が、公共的に観察可能な、客観的に利用できる領域の範囲外にあることなのである。この内的世界こそ、まさに心理学者が関心を向けるべきものに他ならないという点が問題となるのである。

主観性と客観性へのこうした関心は、近年、心理学におけるいわゆる**質的か‐量的かの論争**問題として再燃している。知識を獲得する唯一の正しい方法は、容易に観察できる事実を直接測定することであると主張する心理学者もいれば、これに対して、もっと適切な別の方法があると主張する心理学者もいる。反応時間や情報処理速度の客観的な測定は、認知心理学では確かに研究を進める有効な方法だろう。しかし、たとえば、離婚した夫婦がこうむる心理的・情動的な打撃を調べる場合には、実際に離婚の過程を経験した男女にその主観的な体験について**尋ねる**方がより生産的ではないだろうか。言い換えるなら、伝統的な科学と結びついた客観性へのこだわりを脇に置いて、代わりに主観的な体験に研究の焦点をあてた方が実りがあるのではないか。この例の場合では、当の男女が自分自身の個人的・私的な思考や感情などについて語る事柄を、「真実」の再現と見なすことになるだろう。哲学を「知恵/真実への愛」と定義した場合、出来事の衝撃に関しては、ともかく当人の言うことが真実に近いはずだという主張は無意味なのだろうか。

本書で扱う最後の論争（第7章）のテーマは、**行動主義**である。あとで明確に理解されるだろうが、**行動主義**とは単なる心理学のアプローチではなく、哲学的な立場である。また、行動主義を哲学的な立場として記述できるのは、これから見るように、行動主義的アプローチには、公共的に観察可能な行動だけを「真の」データと見なすべきだという主張があるからである。もう一度、この「知恵/真実への愛」という考え方に戻ってみよう。さて、行動主義のアプローチが主張するのは、これから見ていくように、研究者の視点から真実を確立することである。研究者は動物（通常はラットかハト）が実際にしたことを、客観的に観察し、測定する。行動主義は、このアプローチを採用することで、何が原因で動物は特定のしかたで行動するのかに関し、まぎれもない真実に近づくと主張する。他方、離婚についての例で述べた質的なアプローチに向かう動きも、やはり「知恵/真実への愛」に向かう動きである。ただし、この場合には、研究者の視点からの真実が問題になっているのではない。そうではなく、実際に研究の主題になっている人々の視点が、ここでは特に重視されているのである。ここでの強調点は、研究者の見る「真実」から、実際に観察される人々が見るはずの「真実」へと移っている。

◆――論争のそれぞれの関連

本書で取り上げるさまざまな論争は、必然的にそれぞれが重なり合い、相互に関係する傾向がある。たとえば、心身問題（第4章）についての「唯物論」と呼ばれる立場がある。この立場によれば、心と呼ばれるものは実際に物質的な過程へと還元することができる。第4章で紹介するのは、心身問題に関連した還元主義への賛否の議論である。つまり、この章で紹介するのは、その前の第3章で扱った還元主義をめぐる問題の詳細な実例ということになる。この問題は第5章でも関係してくる。というのは、もし心を本当に物質的な脳の過程に還元できるのなら、これは心理学自身が最終的には生物学と物理学のレベルで心の謎の解決に専念しなければならないことを意味するからである。しかも、生物学と物理学は伝統的な科学として大成功をおさめてきた。人間を原子の複雑な集合体へと本当に還元できるのなら、そのすべての原子は世界のあらゆる事物と同じ物理法則に従うだろうし、とすれば必然的に、人間は自然科学と同じ方法で研究できると断言できることになる。

行動主義を最後の章に持ってきたのは、その前の各章ですでに紹介した諸問題の格好の例を示そうという意図からである。うまくいけば、この特殊な論争は本書の全体を通じて取り上げてきたそれ以外の問題と密接につながっていることが、非常にはっきりするに違いない。学生が心理学の論争に関する試験問題を受けたと想定して、どの論争に関しても、行動主義の章で紹介されている資料の多くが、それぞれの特定の問題への答えの例として活用できることに気づくはずである。たとえば、氏（生まれ）か育ちかの論争（第6章）に関しては、行動主義は環境決定論（育ちの強調）の強力な賛同者である。したがってまた、もちろん行動主義は、自由意志（第2章）という考え方に断固として反対の立場である。

第2章の「自由意志と決定論」では、私たちの行動、さらにはものの考え方が、どこまで自由な選択の産物なのかということについて検討する。常識的な見方をすれば、人々が自らを自由であると見なし、日常生活を通じて、自分が決めることや選ぶことが自分の内部から来ていると感じているのは、事実その通りだということになる。さらに言えば、こうした選択こそ、私たちの行動を支配している原因である。ところが、スキナーやワトソンのような極端な行動主義者は、あらゆる行動は環境的要因の産物であると主張する。内部からの産物どころか、行動を形成するのは外界の出来事であると考えられているのである。

◆まとめ

この本の各章は、そこで取り上げる論争に関して、賛否両論のさまざまな立場の主張が、そこだけ読んでも理解できるようにしてある。しかし、本書は全体を通読すべきである。すでにあらましを述べたように、論争そのものは実際には個別に分離しているわけではない。それぞれの論争は相互に関連している。本書についての試験を受けると想定して、特定の論争に関する問題に解答する場合には、実際にその設問に答えると同時に、他の論争がどのように関連しうるか、どのように関連するはずかを指摘するとよいだろう。いくつかの章から題材を示すことで、さまざまな論点を例証することができる。たとえば、氏（生まれ）か育ちかの論争についての小論文なら、強い環境決定論（育ちの強調）の立場として行動主義を引用する必要があるだろう。心身問題についての唯物論の立場は本質的には、あるタイプの還元主義を支持する主張である。自由意志についての小論文なら、生まれと育ちの両方が、どのように人間の行動や経験を左右し、形成するのかに関する論評が含まれるだろう。こういった具合である。本書を通読するときには、さまざまな論争の間にある結びつきに関して、あるいは自分自身の考えについて、ノートを取るようにするとよいだろう。

読書案内

Hospers, J.（1990）*An Introduction to Philosophical Analysis*, 3rd edn, London: Routledge.（『分析哲学入門1～5』斎藤哲郎監修（1971）法政大学出版局）ホスパーズの本は、（1）心身問題の論争、（2）自由意志、（3）科学的知識、についてのさらに踏み込んだ読書を提供する。これは哲学全般の参考書としても役に立つ。著者は明瞭で有益な日常の事例をふんだんに使って自説を例証している。そのため、非常に読みやすくなっている。ただし、やや上級向けかもしれない。

第2章

自由意志と決定論

◆――自由意志と決定論の論争とは正確には何か

この論争は、私たちが自分自身の行動を自ら統制しているという仮定は、どこまで正しいと言えるのかに関するものである。この仮定を信じる人なら、それぞれの個人が、行動を管理するある種の内的**エージェント**（作用主体）を持っていると主張するだろう。エージェントという用語は、効果を生み出す何かを単に意味する。洗剤メーカーは自社製品のことを「洗濯エージェント」と呼んだりする。これはその製品が衣類を洗濯する望ましい効果を持っているという意味である。人間が自由意志を持っていると信じることは、つまり、人間は自分自身の行動に効果を及ぼすことのできる何かを自分の内部に持っていると信じることである。この何かがしばしば自由意志と呼ばれている。強調すべき重要な点は、この自由意志と呼ばれるものは、外部のあらゆる力から独立して作用しなければならないことである。これに対して、他方の側の主張を提起するのが、決定論を信じる人々である。この決定論という用語の意味は、私たちの行動は私たちの統制の及ばない力によって引き起こされるということである。

自由意志と決定論に関する問題は特に扱いにくいが、これにはいろいろと重要な理由がある。しかも、大学で心理学の単位や資格を取ろうとする学生は、学業のどこかの時点で、たとえば次のような試験問題に直面するのがふつうである。自由意志を信じるのは合理的なことか？　私たちの行動はすべて決定されているのか？　私たちは自分で自分の思考や信念を決めているのか？　私たちはどこまで自由なのか？　などである。

理由はたくさんあるが、問題の提出がいつまでも続いているという事実そのものは、まったく健全な状態であると言えるだろう。大きな理由の一つは、物理学の場合なら世界が何らかの法則に従って確定的な経過をたどるという一般的な合意があるが、これとは違って、心理学の研究する世界はそれほど単純なものではないということである。少なくともある程度までは、人間は自己決定的であり、たとえば樹木や火山とは事情が異なると考えられていることが多い。

◆自由意志をめぐる問題はなぜ絶えないのか

自由意志と決定論の論争には、因果の問題が必ず含まれている。簡単にまとめてみよう。世界のすべての出来事は何かしら他の原因によって引き起こされるというのが真実だとすれば、外部の物理的世界だけではなく、私たち自身もまた世界の一部である以上、その因果に含まれることになる。言い換えると、心理学の主題である人間の行動や経験も、因果の連鎖によって決定されるのである。では、もし私たちが因果の連鎖の産物であるとしたら、果たして私たちは自由であると言えるのだろうか。この問題をこれから詳しく見ていこう。

◆科学と因果関係

学生が直面することの多いもう一つの問題は、心理学という学問分野は科学なのか、あるいはむしろそもそも科学になりえるのかという心理学の評価に関する問題だろう。科学の営みについての大部分の人の理解によれば、科学とは世界を知ることに関わるべきものである。特に、科学が関係しているのは、世界の内部の因果関係について知ることである。科学という言葉に関わる用語、あるいはふつう科学者の活動に関わる――もしくは適用される――用語は、因果関係がどうなっているかを客観的に確立しようとする試みと関係がある。つまり、科学者がなすべきことは、世界を観察して、何がどんな条件のもとで何に影響し、何の原因になるのか、等々を正確に見てとることである。どのような決定的要因によって、その出来事が生じ、他の出来事が生じなかったのか。

因果の確立

ここで強調されるのは、世界が実際にどのように働いているのかについての、主観的な思索ではなく、客観的な観察である。何が何に影響し、何を引き起こすのかを確認するために、科学者は観察のできる実験を行なう。ここには独立変数と呼ばれる原因として考えられる要因の操作が含まれるのがふつうであり、これによって、そうした操作が他方の**従属**変数にどのような効果をもたらすのかを観察する。因果関係を確立するこの方法は、当然のことながら、心理学で広く採用されてきた。次に紹介するのはその実例である。

ミルグラム（Milgram, 1963）が行なった実験は、徐々に激しさを増していく電気ショックを実験協力者に対して与えるよう、実験の参加者、つまり本当の被験者に求めるというものだった。協力者が記憶のテストで間違えるたびに、電気ショックが「罰」として与えられた。もちろん、実際には電気ショックはまったく与えられていない。ミルグラムの研究での本当の問題は、記憶とは関係がなく、参加者が電気ショックの操作をどこまで続けるかということだった。実験はこのように偽装されていたが、実際には参加者がどこまで実験者の教示に従い、協力者にショックを与えるかを調べることが問題だった。実験の終了後、参加者の多くは、自分たちの行動の理由について問われると、イェール大学の権威に従ったのだと答えた。つまり、被験者たちは有害な電気ショックの「執行」という自分の行動に不安を感じてはいたが、実験終了後の報告に多かったのは、イェールのような有名大学が何かの後遺症が残るような実験の継続を許すはずがないと思ったというものだった。ここで参加者たちが報告しているのは、彼らが電気ショックをすんで与え続けた原因の一つである。この要因は、名高いイェール大学の後ろ盾があることによる何らかの安心感と見なしてよい。そこでミルグラムは、J・S・ミル（J. S. Mill）の言う「単一変数の規則」に従って、市の中心部に場所を移し、参加者にはイェール大学と関係があることを言わずに、この実験を繰り返した。もちろん、ここでいう「単一変数の規則」とは、服従が実験を行なう場所にどの程度左右されるのかを調べるには、実験者は実験の設定のうちの一つの局面だけを変えなければならない、という意味である。この場合には、場所である。実験のその他の局面については、きっちりと同じように繰り返さなければならない。

ミルグラムは、やはり服従が高いレベルを維持しているのを観察したが、とはいえ、与える電気ショックの強さには若干の低下が認められた。こうした実験によって、科学者／心理学者は、因果関係を引き出すための枠組みを手にし、何が出来事の原因なのかということだけではなく、もっと重要な、因果関係の強さや程度についても調べることができる。この例の場合、実験の行なわれる場所は**独立変数**だったと言える。こうして、ある状況／場所では人はさらに従順になることが明らかになった。ここでの**従属変数**は実験者が測定した服従のレベルである。

このように科学者が、また「科学的」であることを願う心理学者が、因果関係を見きわめることで大いに進歩してきたことは、非常にはっきりしているように思われる。実際、「純粋」科学は宇宙についての因果的、機械的、したがって決定論的な見方を固守することで、幾多の技術的進歩を遂げてきた。科学者たちが関心を寄せたのは、世界の法則的な動き方を確かなものとすることである。そして、世界の法則性の実態を解明してこそ、科学者は自然界を予測したり制御したりできる。そこで、人間は自由意志を持つのかどうかをめぐる厄介な問題には、自然科学での機械論の成功を心理学の分野に導入することは論理的に正当な手順なのかどうかの検討が、実際に必要となる。

◆――心理学と因果関係

ふつう人々は、自然界が機械的な法則に従うという考え方を事実と見なすことに困難を感じない。また、そうした法則が強力な予測の力を持つことも、難なく了解されている。たとえば、そうした自然法則に含まれるのが、海抜0メートルでは水は摂氏100度で沸騰するという「確かな」事実である。もう一つ法則の例をあげれば、光が、たとえば、空気からガラス、空気から水というように、二つの媒体の間を通過するときの**屈折率**は、常に変わることなく予測可能であり、したがってあらかじめ計算できるという事実である。(もちろん、この「予測」という語は端的に、世界のなかで現実に生じることを実際に観察する「前に言い当てる」ことができるという意味である)。だが、人間も自然界の一部をなしている以上、論理的に言えばあらかじめ決定されているという考え方に対して、人々はどのように感じるものだろうか。人間には何も特別なところはないと言われると、実際のところほとんどの人は不愉快に感じる。多くの人は、私たちが世界の他の部分とちょうど同じように決定されているといった提案は、私たち自身の経験に反していると主張するだろう。私たちを決定している要因は、ショウジョウバエや海洋やアリや石ころを決定している要因よりも複雑であるとはいえ、それでも私たちは世界の一部なのであり、したがって世界の他の部分とまったく同じように決定されていると考えると、どういうわけか私たちは動転してしまう。

「自由意志」と「期待」の違い

この問題は大部分が、私たちが自分自身について体験するときのやり方と、世界のそれ以外の部分との向き合い方の違いに関係している、と主張する者もいるだろう。たとえば、あなたがこの本を読んでいるとき、外では大雨が降っているかもしれない。雨に対するあなたの態度は、ものごとはそういうものだという諦めのようなものだろう。そこで、あなたはじきに雨はやむだろうと考えたり、そう期待したりするかもしれない。つまり、何か他のものが雨のやむ**原因になる**ことを期待するかもしれない。たとえば、風の強さや向きによって、雲と雨がどこかよそにいってしまうのを期待したりする。たいていこんなやり方で、あなたは外の世界を経験する。だが、あなたが読書中に「ああ、私は自分がこの章を読み続けるのを期待する。私は自由意志に関する小論文を書くところなので、これを読めば何か良い着想が得られそうだ」と考えたとしたら、これはかなり変な感じだろう。きっとふつうは、自分は意志の力で読書を続け、そこに書かれている内容と取り組むのだと考えるのではないか。こういう場合には、雨がやむのを期待するようには期待しない。読書をやめるか続けるかは、あなたの意志の強さの問題である。期待するというような事柄では全然ない。いわば、あなたの責任である。このように、雨がどうなるかについて話したり考えたりするのと、一個の人間として私たちがすべきことやできることについて話したり考えたりするのとは、まったく事情が異なる。人は、心理学の自分の勉強に関しては当人に責任があると言えるが、雨に対して責任があるとは言えない。それに、何かの不思議な力を考えたとしても、雨には自分でやむということができない。このように、人間を見るときとそれ以外の自然を見るときのやり方がまったく違うのは、容易にわかる。

自由意志と責任

以上の例は、責任と自由意志の必然的な結びつきに関係している。私たちは雨に働きかけることはできないが、自由意志の考え方によれば、論理的に、私たちは自分自身に働きかけることができるのであり、機械的な力の言いなりにはならない。自由意志を持っている以上、私たちには、外的な力の命ずるままではなく、なすべきことをする能力と道徳的な義務がある。もちろん、この考え方は、たとえば行動主義(第7章)が提案する決定論とはまったく相容れない。責任と自由意志との関係の問題については、第7章でもう一度取り上げることにしたい。

自由意志は錯覚なのか

世界にうまく対処することは、決定論の考え方に基づき、規則性や秩序やパターンなどを見つけ出し、予測を立てることと大いに関係がある。実際、世界に対してこのようなアプローチのしかたをしなければ、何かに働きかけることはとてもできないだろう。ところが、私たち自身のことになると、ある理由から決定論を除外し、代わりに自由意志が実在するという考えを作り出すらしい。ところで、この自由意志の考え方が意味するのは、私たちがある行動のしかたをした場合、すべての条件が同じだったとしても、これとは別の行動を選ぶことが簡単にできた、ということである。あなたはあることをしたが、何か他のことをするのも簡単だった。あなたは右腕を上げたが、どちらの腕を上げるか決めるとき、外的にも内的（脳の内部で進行する生物学的な出来事）にも何ら変わりがない状況のもとで、左腕を上げることもできたということである。

もちろん、重要な問題は、「自由意志」と呼ばれるものは私たち自身が作った構成概念にすぎないのかどうかである。何かが自由意志と呼ばれているが、それが本当に存在するかどうかは、まったく別の問題である。次の言い方をよく考えてみよう。

私たちの自分自身についての経験によれば、私たちは実際に選んだ行為とは違った行為のしかたをする自由を持っている。私たちが何かをしたのは自由意志があったからそうしたのであり、そしてこ

こが重要なのだが、もし他のことをする意志があれば他のこともできたのに、あえてそうしたのである。さらに言えば、内的な事情や外的な状況が変わらなくても、他のことをする意志を持てたのである。

この文章が言わんとすることを考えるうえで重要な点がいくつかある。次節ではこの点を見ていこう。

◆──決定論と宿命論

問題の段落の最後の文を書くにあたって、「熟慮して決断する」や「決定する」といった用語を注意深く避けたことに注目してほしい。自由意志を実行するということは、「決定を下す」、あるいは考えられる行為のそれぞれの経緯について是非を考えてみるという場合とは、意味がまったく違う。もちろん決定論者は、自由意志とは別に、こうした心的な配慮によって結果が決まるのだと主張するだろう。つまり、人は慎重に考えて、過去の似たような行動、行為の成り行きのプラスとマイナスの効果を評価し、それに基づいて必然的に決定を下す。その人自身の個人的な歴史が結果を決めるのである。あるいは、他の選択肢をめぐるその人自身の特殊な考え方が、何らかの形で最終的な意思決定に関与するだろう。もちろん、考え方というのも同じように経験の結果である。たとえば、慎重に考えた上で最後にリスクの大きい行為を方針に選ぶ人というのは、過去にリスクのある行動で報酬を得たことがある。そうした行動が「うまくいった」のである。全体的に結果としての利益がコストなどを上まわったということである。このように、決定論の主張では、よく考えた結果も実は決定されているのだが、だからといって、いつか個人の面倒な熟慮そのものが不要になるということではない。

これに対して宿命論の方は、すべてがあらかじめ決定されているのなら、なぜわざわざ熟慮するのか、という態度を意味する。あれこれ思い煩うことなく何でもやってみればよい。だが、決定論の方は宿命論と同じ立場を意味しない。おそらく、まさに人間であることの定めとして、私たちは決断を取り巻く熟慮の苦しみや責任やらを人生の局面そのものとして課せられているのであり、実際、それがあるからこそ人間なのである。この苦しみそのものが私たちを自由にする、あるいは少なくとも、私たちに自由であるという錯覚を与えるのかもしれない。

検証できない説を唱えるのは何がいけないのか

自由意志とは私たちが「**もし他のことをする意志があれば他のこともできた。内的な事情や外的な状況が変わらなくても他のことをする意志を持てた**」ということであるとする主張は、実際のところ何を意味するのだろうか。

この言い方を少し考えてみると、自由意志の証拠は現実にはまったく提供されないことがはっきりするに違いない。あなたがカフェにいて、ウェイターに「お飲み物は何になさいますか」と聞かれたとしよう。たとえば、あなたはとても咽が渇いているのだが、アルコール飲料を欲しいとは思わない。というのは、これから上司と仕事の打ち合わせがあり、ちょっとでもアルコールが入ると眠くなってしまうのだが、上司と接するときに油断はしていられない。他方、あなたは打ち合わせのことでナーバスになっている。多分アルコールが入れば多少はリラックスできるだろう。しかしやはり、真っ昼間に上司の前で酒臭い息をしているわけにはいかない。ウェイターがあなたの答えを待って（wait）いる（「ウェイター」と呼ばれるのはそのためである）ときにあなたが考えているのは、こうした種類の内的な「現実」である。**外的な**周囲の状況の方はどうだろうか。さっきまであった雲もなくなり、いかにも暑い一日になりそうだ、といった事実がそこに含まれるかもしれない。ここはやはりビールで涼をとるべきだろうか。さらに何人かの客がカフェに流れ込んできた。接客相手が増えてウェイターは少しいらいらしてきているようにも見える。あなたは決定を下し、レモネードを注文する。

こういう状況なら、これはなかなかもっともな決定のように思われる。だが、あなたがレモネードを注文したその瞬間、内的・外的な状況にいかなる変更も加えずに何か別のこともできた、というのは本当なのだろうか。実際、ここでは自由意志が意味すると思われるものが提案されている。あなたはアイスコーヒーや紅茶を注文する意志を持つことができた。こうした別の選択もやはり理に適っているように見える。ではなぜ、あなたは実際に決めたのとは違うことができたと考えることに問題があるのだろうか。いま述べたような状況では、XではなくYを選ぶこともたやすいと感じるのがふつうではないだろうか。決定を下すときにはこういうふうに感じるものではないだろうか。あることをしたが、別のことをするのもまったく簡単だった、と。

さて、これに対しては以下のような二つの大きな反論がありえる。第一に、この提案が検証不可能ということである。内的・外的な状況のすべてを再現して、他の決定が実際に可能であるという主張を検証するのは不可能だろう。したがって、提案そのものには、自由意志が実在すると確信させる真の力がない。

自由であると感じることと実際に自由であることとの違い

第二に、私たちは生活のなかで実際に自由であると感じるという主張にも問題がある。どんなときにも私たちは、実際にするのとは別の選択肢があるのを感じている。だが結局のところ、一つの生き方をして別の生き方はしない。ABCではなく、XYZに決めるのである。あなたが、パリに留まるのも簡単だったがロンドンに移住したのだ、と言っても、あまり意味はない。あなたはパリに留まらなかった。それだけのことである。疫病のためにパリが封鎖されていたりせず、この都市への出入りがロンドンに帰ったときに許されていたと仮定しよう。このレベルでは、パリに留まるかパリを去るかの選択は、いわば政治的な自由であることは否定できない。おそらく、パリを去ると決めるにあたっては、さまざまな要素がはかりにかけられたことだろう。友達がいなくて寂しかった。言葉に苦労していた。あるいはひょっとすると、自分で意識すらしていないような、個人の心理的な要因があったのかもしれない。パリに留まる自由がないのも、レモネードではなくビールを注文する自由がないのも、同じことであると決定論は主張するだろう。何を決めるにしても、そのまわりにはおびただしい内的・外的な決定因が存在する。あとで概観するように、そうした決定因が意識的であるとは限らない。実際、精神分析の理論によれば、私たちの行動の多くは、私たちにはほとんど制御できない内的な力によって決定される。自由であると感じるのと、実際に自由であるのとは、まったく別の事柄なのである。

また、これも前の言い方に対する反論になるが、幸せが話題になったときに誰かにこう言ったりすることが現にあるだろう。「あなたがいまの生活を本当に幸せに感じていると言うのは結構だけれど、でもあなたに何がわかる？ 幸せだと感じるのと幸せであるのとは全然違うよ」。これに対する答えはおそらくこうだろう。「いや、私が幸せだと感じれば、それで十分。あなたが気にしなければ、私は本当に幸せかどうかなんて知りたいとは思わない。知らないまま幸せでいたい。」

これと同じように、人が後催眠暗示によってはっきり予言された通りに行動するようなとき、典型的な場合には、自分の行動に対して完全に合理的な説明を与えることができる。その説明は、その部屋にいた他の全員が考えるような、（後催眠暗示という）実際の原因によって決定された予言通りの反応とはまるで関係がない。催眠術師が指を鳴らすと、唐突に被験者は窓を開けに行く。その説明を求められたときに出てくるのが合理化であり、被験者はそれが窓を開けた理由だと信じている。だが、自由に生じた行動であると被験者が考えているものは催眠暗示の結果であることを、他の観衆全員が知っているのである。やはり、自由であると感じるのと実際に自由であるのとは、少しも同じことではない。

その上、断固とした決定論者なら、自由をめぐって存在するのは自由であるという感じ、あるいは錯覚だけであると主張するだろう。さらに言えば、YではなくあえてXをする**意志**があるのだと言い張るとき、その本当の意味は、せいぜいのところ事後的な合理化、つまり出来事の**あとで**思いついた理由を用意し、実際にこのように行動し、あのようには行動しなかった理由を他者に対して、また重要なのは自分自身に対して説明する、ということなのである。一つの選択をし、あるしかたで行動するという出来事のあとに、合理的なもっともらしい説明を探し、意志という神秘的な構成概念に身を寄せることになる。

強硬な決定論者は、次のような厄介な質問をして、自由意志という構成概念を退けるだろう。「では、意志を持つとは、正確にはどういうことなのか。」

意志を持つとはどういうことか

たとえば、光が空気と水の間を通過するときの動き方についての例を、簡単に振り返ってみよう。周知のように、屈折の法則はどんなときにもあてはまる。光には、立ち止まって状況を評価してから、決まった屈折率とは違う角度で曲がろうと何らかの**意志**を持つ、といったことはできない。光の動き方は法則的であり、決定されている。光がとる進路は、光が出入りする媒体によって決まる。このように光の動き方は決まっている。では、人間の行動の場合には何がそんなに特別なのだろうか。決定論の主張では、人間の行動ははるかに複雑な決定因が集まった結果であるにすぎない。それらの要因には実際、未知のものがあるかもしれない。だが、それでも行動は決定されている。さらに、決定論は、自由意志の概念は錯覚に基づいた構成概念にすぎないと主張するだろう。自由意志が錯覚であるとすれば、この自由意志と呼ばれるものが、実際に何かをする意志を持てると考えるのは誤りである。では、なぜこの概念は考案されたのだろうか。これは、**記述的法則**（descriptive law）と**規範的法則**（prescriptive law）を対照することで、うまく説明されるかもしれない。この対照については、本章の後半で少し詳しく説明する。

自由意志という構成概念

記述的法則は世界のありさまの輪郭を描く。たとえば、世界中の物体は重力の法則に従うというように、予測可能な言い方をする。心理学でもさまざまな法則が提案されてきた。たとえば、ソーンダイク（Thorndike, 1911）の**効果の法則**（185ページを参照）である。**ウェーバーの法則**が確立したのは、どの感覚でも二つの刺激の間の弁別はあらかじめ決まった一定の様式で感じられるという事実である。さらに、この法則の定数には、それぞれの感覚ごとに一貫した相違が見られる。視覚は最も敏感であり、その次に痛みの知覚、次に音程、それから味覚といった具合である。このように、正確な言明によって、物理学の領域と心理学の領域が、予測と検証のできる法則的な関係として結びつけられた。また、ウェルトハイマー（Wertheimer, 1923）は、視覚刺激への私たちの知覚を支配する、次のようなさまざまな法則を発見した。（a）近接、（b）類同、（c）閉鎖、（d）プレグナンツ（以下を参照）などであり、この四つにとどまらず、最終的には114の法則が確認された（Helson, 1933）。ここでもやはり、視覚刺激の物理的世界と知覚の体験的／心理学的水準で生じることは、法則的に結びついている。たとえば、**プレグナンツの法則**によれば、私たちは最も単純で、言葉で言い表しやすいものを知覚する傾向がある。カニッツァの三角形（173ページの図6-2）がその良い例である。この図を最も簡単に言い表すなら、三つの黒い円の上に白い三角が重なっていて、その下に黒の輪郭の三角がある、となる。

このように、誰もあなたに重力に従えと言う必要がない（実際そのような命令はすぐさま無意味だと思われるだろう）のと同じように、心理学の法則によれば、視覚の弁別力より味覚の弁別力が劣るようにと命じられる必要はない。あるいは、カニッツァの三角形をこう知覚せよと命じられる必要もない。これらは、心理学的世界が実際にどのように働くのかを略述する、記述的法則なのである。

◆——心理学、科学、自由意志

このあたりで、どうやら議論が移動していくのがよくわかるはずである。自由意志についての議論から、心理学を、たとえば生物学や物理学が科学であるとされるのと同じように、一個の科学であると考えてよいのかどうかの検討へと移っている。心理学のなかに実際に法則的な関係性があること、Yという事象がXという行動の原因になること、Aという感覚経験は常に、あるいは少なくとも一般的に、Bという刺激の結果であること、などが確かめられれば、これは実質上、心理学的世界は原因と結果の世界であるという主張になるのではないか。入力つまり被験者の置かれた環境がわかれば、出力つまり行動上の反応などを予測できるということである。とすれば、そうした因果関係が実際に存在すると主張できるのなら、人間の行動と経験は決定されており、予測可能であると主張してもまったく問題はないし、そしてこれが重要なことだが、私たちは決定されており、自分で思っているような自由はない、と主張できるのではないか。自分自身の**内観**的な説明、つまり自由であるという**感じ**は、実のところ、誤りであり錯覚であるということではないか。

◆私たちの行動は決定され、予測可能なのか

（a）人間であるとは自由の制約である

人間の行動と経験の世界の定式化をめざした試み、つまり、どのような状況のもとで人々はある特定の行動のしかたをするのかを記述しようという試みに、これまで多大な労力が注がれてきたのはいうまでもない。どのようなものが原因となって人々はある特定の信念を持つことになるのか。心理学者によって書かれた大量の著書と学術論文は、そうした試みの証しである。認知心理学では、私たちはどのように情報を処理するのかに焦点があてられ、その普遍的な原理の存在を支持する実験的な証拠が示されている。たとえば、そうした原理の一つが、知覚には**ボトムアップ処理**と呼ばれるもの、つまり実際の視覚データ／入力そのものによって働く面と、**トップダウン処理**、つまり刺激についての信念や期待が実際に知覚されるものを決める重要な要素となる面がある、という原則である（Gregory, 1966, 1970）。記憶の研究は、短期記憶の容量が、各項目に実際に含まれる情報の量にかかわらず、だいたい7項目であることを示した（Miller, 1956）。したがって、私たちの自由に対する制約の一つは、私たちが受け継いだ生物学的システム

の**制約**のなかに私たちがいることなのである、と結論づけてもおそらく間違いではないだろう。その**意志**があってもなくても、私たちには空を飛ぶ自由はない。同じように、私たちは情報処理の既知の原則に支配されているのである。たとえば、通常の状況では、だいたい7か8よりも多い項目を短期記憶から再生することはできない。

こうした生物学的な制約に関する指摘は、一見どちらかといえば瑣末な、どうでもいいことのように思えるかもしれない。だが、感覚システムの制約は、世界のなかの私たちの**存在**と、そして世界についての私たちの**知識**を、実際に決定しているのである。こうした考え方に沿って、哲学者のイマヌエル・カントは、私たちには世界を本当に**認識する**ことはできない、と唱えた。私たちが認識できるのは感覚という、いわば「フィルター」を通した世界だけである。人間が世界を「知る」のは主に視覚を通じてであり、コウモリなら音波探知である。世界について何をどのように知るかは、私たちがどんな種類の動物であるかによって決まる。したがってそこには、人間であるということ、その特定の生物学的特徴を有するという事実そのものによる、きわめて現実的な制約がある。もちろん、これは人類全体に関することである。こうした側面は私たち全員に共通している。これに対して、次の生物学的決定論についての節で見られるのは、生物学的な遺伝で人間同士の間の**個人差**が決定されるといった議論である。

(b) 生物学的決定論

ある人物が自由に行動しているように見えるとき、厳密な行動主義者なら、これは私たちにとってはそう見えているにすぎない、と言うだろう。要するに、私たちは他者がたどってきた行動の強化の歴史を知らない。それなら、どうして行動が自由に生じたと言えるのだろう。この人物がある行動を示した（この時点では外見上「自由」に生じた行動と見なしてよい）ときに、それまでどのような強化を受けてきたのかはわからないし、そのとき表われていない行動は、過去に他者によって罰せられたり無視されたからこそ生じないのかもしれないが、そういったことについてもわからない。また、これと同じように、人が外向的（つまり外に向かって刺激を求める）であるか、内向的（内に目を向け、ふつうは刺激を避けがち）であるかは、単にその人が選んだことであると考えたくなることがあるだろう。ことによると、外向型と内向型の違いは、個人が選択した結果であるという結論に魅かれるかもしれない。これについて行動主義者がどんなことを言うかはよくわかっているが、それでもやはり、個々の当事者は、自分の内向性や外向性への傾向は自分自身の意志からきていると主張するかもしれない。

だが、行動の生物学的原因についてはどうだろうか。結局のところ、すべての行動に生物学的な起源があると仮定するのは、まったく論理的なことである。たとえば、視床下部は、はっきりといろいろな機能を持っている割には小さな脳の部位であるが、特に、体温の調節、水と食物の摂取、性衝動、攻撃的反応を制御する役割を担う。小脳は、細かい運動や身体の平衡に関係する。言語機能はもっぱら大脳の左半球に位置し、ブローカ領域は言葉の産出を、ウェルニッケ領域は言葉の理解を制御するらしい、といった具合である。雑な言い方をすれば、脳がなければ行動も経験もないという単純な事実から逃れることはできない。いくらその意志があったとしても、ブローカ領域に損傷のある人は、自分がどれほど自由を感じているかを話すことはできないだろう。

外向性と内向性の生物学的決定因

いったい、外向や内向の行動は、本当に意図的な傾向の産物なのだろうか。実際、外向的な人は、自分はしたいと思ったように行動していると言うかもしれない。同じように、内向的な人なら、平和と静寂への好みは自分で選んだものだと説明しそうである。要するに、それぞれ自分自身が望んだ結果である。確かに、自由意志なるものがあるとすれば、これは自由意志が働いている明白な事例である。ところが、ゲール（Gale, 1979）が実験で明らかにしたように、外向的な人の大脳皮質は（**脳電図**を測ると）興奮が足りない傾向があり、内向的な人は興奮しすぎる傾向がある。そこでゲールは、こうした性格タイプによる行動について、外向的な人は刺激を求めることで興奮のレベルを「最適なレベル」（と思われる）範囲に「押し上げ」ようとするのだと説明した。反対に、内向的な人は、すでに過剰に興奮している神経システムを「押し下げる」ために刺激を避ける。このように、自由に選んだように見える行動も、実際のところは、私たちには制御できない生物学的な要因の結果なのである。

ホルモンの役割

ホルモンの役割についても考えてみなければならない。ホルモンによる決定的な影響の可能性を示すだろう一つの実例がある。この例は、性的な志向に関するものである。1950年代から60年代の初頭にかけて、多くの妊婦が流産を予防するために、あるいはその他の妊娠に関連する問題への処置として、人工的に合成されたエストロゲンというホルモンを摂取した。こうしたホルモンは、テストステロン関連のホルモンと同様に、胎児を雄性化する効果を生むことが知られている。ある研究（Meyer-Bahlburg et al., 1995）によれば、母親が合成エストロゲンを摂取していた場合には、成人した女性の30人中7人が、ある程度の同性愛的な関心もしくは両性愛的な関心を持っていると報告した。これを、**子宮内**で合成エストロゲンを浴びなかった女性30人の統制群と比較したところ、統制群で同性への関心を報告したのは一人だけだった。この研究は、性的な好みは必ずしも「自由な選択」の結果ではなく、むしろ子どもが成長する環境の決定的な影響の産物なのかもしれないことを示唆する、ある種の証拠を示している。この例が説明するのは、性的な好みや行動を決定するうえでホルモンが果たしうる役割である。また、この例は、第6章で検討する環境の影響（すなわち育ち）を考慮するには、胎内での個人の環境も含めるべきであることを思い起こすのにも役立つ。ここで述べたものと同タイプの研究を扱った論文を、付章（論文3）で詳しく概観する。

行動生態学

自由に出現したかのように見える行動に生物学的な起源があることは、**行動生態学**の領域の研究者によっても強調されている。このアプローチの考え方では、私たちのあらゆる行動の唯一の目的、あるいは少なくとも究極の目的は、私たちの遺伝子を引き渡し、繁殖させ、そしてこれが重要なのだが、私たちの子孫の生存を確保することに尽きる。このような生物学的に制御された命令が、私たちのあらゆる行動の根底にある。この分野の研究者は、他の生物種の行動を引き合いに出して自説を主張することが多い。以下はリドレー（Ridley, 1994）からの引用だが、オスの鳥がどのような努力によって、連れ合いのメスの産んだ子が他のオスの遺伝子ではなく、確実に自分の遺伝子を受け継ぐようにするのかが述べられている。

……オス鳥の行動の多くは、彼らが絶えず妻の不貞の脅威にさらされていると仮定することで説明できる。第一の戦略は、妻が受精できる状態の間はずっと見張っていることである。……オスはメスの後をどこでもついていき、そのため、巣を作っているメスの鳥はどこに行ってもオスの鳥と連れ立っていることが多いのだが、オスが巣作りに手を貸すことは決してない。彼は監視しているだけである。彼女が卵をすべて産み終わったときになって、彼は監視をゆるめ、そして自分の浮気の機会を探し始める。

そして次のようなツバメの行動について論じられている。

二匹がはぐれてから再び合流したり、別のオスがテリトリーに侵入してきたのを追い払ったりすると、そのあとすぐにオスはメスと交尾をすることがよくある。自分の精子を確実に送り込んで、侵入者の精子と戦わせようとするかのように。（Ridley, 1994, p.219）

この引用でも明らかなように、オス鳥の行動は、まったく利己的に自分自身の遺伝子を残すことに向けられている。この行動が、間違いなく自由意志と呼ばれるものからは来ていないことを強調しておくべきである。むしろこの行動は、生殖のために生まれつき組み込まれた「盲目の」「指令」に単純に支配されている。もっと本質的なことをいえば、この行動は、遺伝子を渡すための行動である。人間の性行動に関して、ベイカー（Baker, 1999）は、生物学的な父性の共有を信じる南米のある社会についての人類学的研究を、次のように紹介している。

……一人の赤ん坊に何人の父親がいるかは、女性が出産に先立ってどれくらい自由に男に身を任せていたかによって決まる。彼女とのセックスの回数が最も多く、したがって、最も多くの精液を提供して赤ん坊の身体に貢献した男性が、第一父である。二番目に回数の多い男性が第二父であり、以下同様に第三父、第四父が続く。ベネズエラとコロンビアの部族の間では、女性は子どもを産んだときに、妊娠中に交渉を持ったすべての男性の名前を公表する。……この第二父以下の全員も、子どもに対する責任を認めることになる。

ベイカーの指摘によると、部族社会の詳細な研究から、子どもの約24％に、いわば「多重父」がいることが明らかになった。パラグアイのある部族ではその数字は63％になる。ここで理解すべき重要な点は、母親の乱交が彼女の遺伝子をより多く残すために生物学的に必要とされていることである。つまり、遺伝子を伝えるための手段を見つけることである。行動生態学の視点から見れば、これだけが私たちの生活における真の最終的な目的である。この場合の女性にとっての利益は、次のように要約される。

たとえば、ある部族では、夫以外に恋人のいる妊婦は流産や死産の危険が少ない。おそらくこれは、妊娠中、恋人が捕ってきた魚などの贈り物をするので、より良い食生活と健康が維持されるためである。こうして生まれてきた子どもは、二人の父親に支えられているから、一五歳までの生存率も高い（64％に対して80％）。先見の明のある母親にとって、何が動機になっているかは明らかである。乱交は、自分の子どものために有利なのである。

これをそのまま解釈すれば、こうした部族の間での乱交の文化的な許容は、性行動が文化的な信念に支配されることを示す見事な事例であることがわかる。しかし女性にとっては、この文化的な条件が、自分の遺伝子を残すという、もっと「隠れた本質的」要請に間違いなく役立っている。関係を持った男たちも、この要請の点で、少なくとも何らかの利益はあると信じているのである。

この部族出身の男女が、このような説明のしかたをすることはまずないだろう。南米でもヨーロッパでも、ふつう人々は自分の行動を内省し、自由意志に関係した説明をするものであり、人類学や遺伝学の議論に基づいた説明はしない。

（c）他者による決定的な影響

実験社会心理学は**再現可能な**さまざまな現象を報告している。そういった現象の一つに、たとえば、人々は大きな集団のなかにいるときの方が、小さな集団で働いているときよりも「リスクの大きい」決定を下しやすい、という実験的に観察された事実がある（Stoner, 1961）。ミルグラム（1963）は、悪意のある権威者の存在によって行動がどのように影響されるかを明らかにした（12〜13ページ参照）。ザイアンス（Zajonc, 1965）は、他者の存在が人間の行動にどのような効果を及ぼすかを調べ、見物人がいる場合、すでに十分習熟している課題ならうまく遂行できるが、新しい課題の学習は遅くなることを明らかにした。「現実」世界の観察研究からは、たとえば、一般的に車のドライバーが速度超過をする場合の、さまざまな要因が明らかになっている。事実、こうした観察から得られた証拠は、男性の方が制限速度の超過が多く、若い人ほどそうであること、一人で運転しているときの方が制限速度を超過する傾向があり、またよく使う道を走るときにその傾向がある（Lawrence, 1999）といったことが、かなりの確実さをもって予測できることを示している。行動に及ぼす他者の影響を調べるという点でいえば、このローレンスが示した証拠が強調しているのは、同乗者のあるなしが運転行動に及ぼす効果である。このように、各人が運転するときの速度は、個人の選択や自由意志で決まるというよりも、むしろどちらかといえば、予測可能な因果的要因によって決定されている。

(d) 比較アプローチ

行動主義の枠組みのなかには、機械的な因果関係を確立するために心理学は**系統発生**のずっと初期の段階に戻らなければならない、という主張がある。しかしこれは、人間の段階ではそうした決定的な因果性が表立って存在しないということなのだろうか。それとも単に、人間行動の要因はあまりにも複雑で多岐にわたるため、そのすべてを網羅するのは不可能であるという意味なのだろうか。行動主義が用意した枠組みは、より下等な動物の行動を予測し、制御することを可能にした。事実、行動のこうした制御には、ときとして目を見張るほどのものがある。たとえば、スキナー(Skinner, 1960)は、オペラント条件づけの技法で訓練したハトを使えば、ミサイルを敵の艦船に向けて誘導させることもできると述べている。とはいえ、ワトソン(Watson, 1924)の、**原理的**には、適当な環境条件さえあれば、どんな健康な子どもでも物乞いにも泥棒にもすることができるという主張(188ページを参照)は、そうした冒険が実際問題として倫理的に不可能である以上、むなしい大言壮語に終わっている。

◆── 動物行動学(エソロジー)の研究

自然な環境のなかの動物の研究は、純粋に機械的な動物行動がどのようになっているかにはっきりと焦点をあてた(たとえば、Tinbergen, 1951; Lorenz, 1966)。その実例は数えきれないほどある。ハイイロガンの卵を転がす行動は、環境に対してじかに反応する本能的・機械的な行動の見事な実例となっている。ハイイロガンは巣から転がった卵を常に同じやり方で元に戻そうとする。つまり、ハイイロガンの行動は**定型化**されており、その動物種に普遍的に見られる行動である——すべてのハイイロガンが正確に同じ反応を示し、その行動は**弾道**のように記述できる。つまり、いったん行動上の反応が動きだすと、その反応はパターンとしての行動が完了するまで続き、また、その行動を引き起こすのは特定の刺激——この場合なら卵——だけである。その行動のパターンはこの卵を元に戻すという目的以外には出現しない。

ところで明らかに、人間の行動はこのハイイロガンの例のようには固定していない。人間の行動がもっと複雑なのは明らかであり、また、ハイイロガンの行動とは違って、学習の働きで変化することもある。だが、これは、人間の行動はハイイロガンほどには決定されていないということなのだろうか。ここで問題になっているのは、単なる相対的な複雑さなのだろうか。また、学習理論が提案するように、人間の行動は環境的な要因の最終的な産物である面が大きい以上、やはり私たちは自由意志を奪われることになるのではないか。本書の氏（生まれ）と育ちについての章（第6章）と行動主義についての章（第7章）では、これらの問題に答えようとする試みを探っていく。

◆——自由意志と責任

これまでの議論は、人間の行動と経験を支配する自然のありのままの（記述的な）法則の発見をめざした心理学者の試みに関するものだった。自由意志と責任との関係に関する問題を追求するには、これとは別の一連の法則、すなわち規範的法則について考えてみる必要がある。

規範的法則

規範的法則は自然の産物ではなく、人間の産物である。この法則は世界のありのままの姿を記述するのではない。むしろ、そうした法則があればそうなっていたかもしれない世界を記述する。たとえば「汝、殺すなかれ」という命令は、現に世界で進行していることについての記述ではない。また、人が必然的に行なうことや行なわないことについての予測でもない。現に多くの人々が人の手にかかって殺されている。このように、人間の法則は記述的ではなく、規範的である。ところで、この規範的法則は自由意志に関する議論のなかにどのように組み込まれるのだろうか。もっとはっきり言えば、自由意志の考え方は個人の責任という概念と、どのように結びつくのだろうか。もし、自由意志が事実ではなく、構成された概念にすぎないとすれば、人々のなすことに対して責任を求めるのは、果たして本当に正しいことなのだろうか。

さて、これに対する答えはまったく単純なものだろう。あなたが私に対して、何か私が嫌がることをするとしよう。その何かというのは法則に反することかもしれないし、そうでないかもしれない。いくら私が頑迷な決定論者であり、あなたのしたことはあなたにはどうしようもないことなのだと信じていたとしても、おそらく、私はあなたを罰するなりして、あなたが二度とそんなことをしないようにしかるべき対応をするのではないだろうか。そうすることで、あなたの未来の行動が決まるかもしれないし、あるいは単に仕返しをして私の気が楽になるというだけかもしれない。だが、仕返しをしたり罰を加えたりという私の行ないも、やはりあなたの行動への反応として決定された結果ではないだろうか。事実、私は自由にあなたの未来の行動を決めようという気になっているが、しかし、この場合必ずしも、自由意志という考え方を持ち込む必要はない。

◆自由という感じと自由であること

自由であると感じるのと実際に自由であるのとは、まったく異なるという議論については、すでに触れた通りである。ほとんどの心理学者はおそらく、**内観**に関する限り、私たちの自分自身の行動の原因についての説明や認識は、あまりあてにならないということに同意するだろう。言うまでもなく、フロイトが描いた人間の心理学のなかの超自我は、容認できないイドの性的な衝動と絶えず格闘し、これを無意識に押しとどめようとする。この場合、衝動はいわば「潜伏している」のであり、ときおり象徴的な（したがってすぐには気づかれない）形で意識に登場することになる。直接姿を現す代わりに、夢のなかの象徴的なイメージに偽装して現れたり、自分でも知らない願望や欲望が私たちの行動や動機づけに働きかけ、いわゆるフロイトの言い間違えとして姿を現したりする。

フロイトは、無意識の欲望を、自由意志と対立して私たちを行動に駆り立てるものとして記述した。治療には、多くの場合、そうした（しばしば破壊的な）欲望を明るみに出す機会を患者に提供することが含まれる。こうして、たとえば、自分を虐待する暴力的な男との関係を繰り返す女性は、治療を通じて、自分が無意識のうちに、暴力的な自分の父親が母親にしていたのと似た振る舞いをする男を求めていることに思い至るかもしれない。このような虐待の悪循環を断ち切るには、父親の代わりを求めようとするこの無意識の衝動に立ち向かうしかないだろう。

自分が何をしているのか、あるいは、なぜそうしているのかに気づいていないとしたら、あなたは自由に行動していると言えるだろうか。このように、フロイトの提唱した無意識は、自分自身の潜在的な動機への比喩的な「盲目さ」を示唆している。

自由意志と因果関係――「ボトムアップ」と「トップダウン」の因果

物理的な決定論に関してなら、議論の筋道は次のように、非常にすっきりしているように見える。

1　あらゆる巨視的な物理的事象には原因がある。
2　人間の行為はすべて巨視的な事象である。
3　したがって人間の行為にはすべて原因がある。
4　原因のある事象なら必然的にそれが生じる。
5　したがって人間の行為は必然的にそれが生じる。
（O' Connor, 1971 による）

サールは、ボトムアップの因果とトップダウンの因果という考え方について、次のように考察している。

そこでたとえば、私が運動神経細胞の軸索終板で神経伝達物質のアセチルコリンの放出を引き起こしたいと思ったとしよう。そのためには、ただ単に、私が自分の腕を上げようと決めて自分の腕を上げるだけでよい。ここでは、腕を上げようと意図するという心的事象が、アセチルコリンの放出という物理的事象を引き起こす原因になっている。これが、トップダウンの因果の場合である。……しかし、トップダウンの因果が働くのは、すでにトップレベルがボトムレベルによって引き起こされ、ボトムレベルで実現されているからにすぎない。(Searle, 1991, pp.93-94)

ここでサールが指摘しているのは、何かをしようと決めることで微視的なレベルでの効果が生じるというトップダウン/巨視的な因果のように見えるものは、軸索終板でのアセチルコリンの放出が関係している限りにおいて、実際にトップダウンになるということである。しかし、何かをしようと決めることそれ自体が、ボトムレベルの出来事を原因にしているはずである。私たちが何かをしようと決めるとき、まさに単に決めたと感じるし、また、それが決めるということのすべてであるかのように感じるかもしれないが、このように感じるのは、何かをしようと決めることが「ボトム」レベルでの神経学的事象の最終結果として必然的に生じたという点を、脇に置いているだけのことにすぎない。

ものごとがこのように起こっているとすれば、思考や決心、さらにまた自発的な行為といったものは、まさにこうした生物学的事象がなければ生じない、と結論づけるのも簡単である。そうなると、私たちが何気なく「自由意志」と呼ぶものが働くような何らかの因果がありえるという結論を出すのは難しい。やはり、自由意志は構成概念以上のものではなく、自分にあると感じられるものについての一つの語り方にすぎないのであり、実際は、出来事が現実にどのように生じるかとはまったく関係がない、という考え方に戻ることになる。

◆―実存主義

実存主義という哲学の一潮流は、人間は単なる世界の一部なのではなく、世界に**参加して**いるのだと主張する。この主張は実際には、人間は**エージェンシー（作用因）**と呼ばれるものを持っている点で、かなり特殊な存在であることを意味する。言い換えると、人間は、自由なエージェント（作用主体）であり、世界に対して働きかける存在なのであって、世界の内部でただ機械的に反応しているだけの存在ではない。サルトル（Sartre, 1946）は、この考え方を「実存は本質に先立つ」という主張を通じて説明している。ところで「本質（essence）」という語は、ラテン語の「ある」を意味する〝esse〟に由来する。サルトルの議論によれば、世界には、まずはじめに意識を持った個人の心のなかで観念（idea）として存在しなければ生じないはずの事物というものがある。そうした事物は、もともとそういうものとして、意図的に作られるのである。そのはっきりした例としてサルトルがあげるのは、ペンナイフのような日用品の生まれ方である。どのようにしてそのペンナイフが、そのナイフを見たり使ったりするあなたの前に存在するようになったのだろうか。サルトルの主張はこうである。ある人物がペンナイフの製作を終えて（おそらく何日もかけて部品となる木や金属を削ったあとに）「うん、これはいい感じだ。何に使えるのかな。これは一体何のためのものだろう」と発言したとすれば、かなり変な話だろう。このような発言は明らかにおかしい。なぜなら、ペンナイフの完成した姿は、作った人の心のなかにあらかじめアイデアとして存在し、用途に結びついた計画に従ってデザインされていたからである。ペンナイフの形はその意図した使い方によって指定されている。この点で、ここにあるものが、人間の計画によって意図的に世界に持ち込まれた対象であることは間違いない。岩や海や雲などのように世界にただ**ある**だけのものとはずいぶん違う。

サルトルはこの議論をさらに進めて、各人は結局はこれと同じように意図的な、つまり自由な行為の最終的な産物として、その人物になるのだと主張する。この点を説明するために、サルトル（1943）は「大げさなウェイター」の例をあげる。この人物が「没頭している」のは、ウェイターとは何か、ウェイターには何をすることが求められているのかという、あらかじめ決められた社会的役割である。実存的自由の中心となる考え方は、サルトルのスローガンを使えば、私たちは「自由の刑に処されている」というものである。そしてサルトルは、この自由は私たちが、まず第一に何ものでもなく、自らがそうなることを選んだものになるという事実の証しである、と主張する。私たちは私たち自身の企てに他ならない。ところが、サルトルの描くウェイターは、このもともとは何ものでもないからこそ自由であるという責任を引き受けようとしない。

ウェイターのあらゆる動作としぐさが少しばかり大げさである。彼の振る舞いは本質的に儀式のようなものである。彼はお客たちへのあり余るほどの配慮と敬意を表すように体を前にかがめ、わざわざ危なっかしく盛り皿のバランスをとる。彼の動作のことごとくがパントマイムかゲームのなかの動作のようである。彼がやっているゲームは「ウェイターである」というゲームである。彼は十分に意識してウェイターの役割を演じ、ウェイターに特有の「ダンス」を踊る。「カフェのウェイターはその境遇とたわむれることでウェイターになりきる」。彼が望んでいるのは、つまり自分の境遇を本物にすることであり、したがって選択の余地はなく、ひたすら完璧なウェイターであることに没頭する。

（Warnock, 1992, p.103）

自由についてのサルトルの考え方に関する結論

自分が何であるのか／何になるのかを選ぶ自由——サルトルが「大げさな」ウェイターの描写を通じて読者に示そうとしたのは、明らかに、私たちは皆、自由な自分自身の表現を犠牲にして、役割を演じるという「あやまち」を犯しかねないということである。ところで、役割の演技は、さまざまな社会的状況のなかで、現実に要求されているとも言えるだろう。たとえば、心理学の学生は学生としての役割を要求される。心理学の教員も、一定の行動のしかたというもの、あるいは少なくとも一定の制約のなかで行動することが期待されている。警官に助けを求めて近づくときには、私たちは警官の対応が警官としての役割の範囲内にあることを期待し、さらにはそうであることを**要求する**だろう。

そうした役割をとることは、必ずしもその人物が自由な行為を拒否するあやまちを犯していることにはならない。そうではなく、ここでサルトルが異議を唱えているのは、この「大げさなウェイター」が、所定の役割以外のものにはなろうとしない点である。言い換えれば、サルトルのウェイターはウェイター以外の何ものでもないことを選んでいる。要するに、このウェイターは自分の役割をとることにまじめすぎるのであり、自分が現にしていることはすべて役割の演技なのだということを見失っているように見える。その役割をまじめにとりすぎることで、このウェイターは自分自身で何かを選ぶという責任を回避している。彼が拒むのは自由に行為することであり、そのために一人のウェイターであることにすっかり没頭しているのである。サルトルによれば、多くの人々がこうした策略を用いて、人間の宿命である「自由の重荷」を避けようとしているという。

私たちは自由なのかそうでないのかという問題についてのサルトルの見解は、実際のところ、決して難解なものではない。ハイイロガンの定型的な行動（動物行動学の研究の節を参照）とは違って、人間はどのように行動するかという点では非常に多くの選択肢を持っているように見えるだろう。心的な能力のおかげで、私たちは未来の計画を立て、自分が設定した計画に向かって仕事をし、何かを創造することができる。実際、サルトルが主張するように、私たちはどのような「自分を作る」かを現実に選ぶことができるのである。

まとめ

この章では、自由意志に関する私たちの常識的な見方に挑戦する、実に多くの題材を紹介してきた。ここで取り上げたものの多くは、私たち人間は自分自身の直接的な統制を超えた力によって決定されている、という考え方に有利であるように思われるかもしれない。ボトムアップとトップダウンの因果についての節で取り上げたサールの議論を読み返してみよう。この議論は、きわめて強力であり、実際のところ、自由意志に関する問題全体の核心を突いている。私たちが原子の集合にすぎないとすれば、私たちのなすことや考えることのすべては、まさしく、私たちを構成するこれらの原子の最終的な産物に他ならない。原子はすべて物理法則に従う。そうだとすれば、私たちは自分がこれらの原子によって決定されていることを確かに認めなければならないし、したがって、私たちが自己決定しているという常識的な考え方は捨てなければならない。

この章で取り上げた議論のなかには、私たちは自分の身体の外の出来事によっても決定されているという側面に関するものもあった。たとえば、私たちは社会的動物であるがゆえに、自分が属している何らかの社会的環境（集団／諸集団）の要請に即して行動することが要求される。もちろん、これとは別の種類の環境決定論として、行動主義がある。これについては第7章でかなり詳しく取り上げる。

とはいえ、やはり私たちは自分が自由であると**感じる**のではないか。読者は、本章の最後の方で紹介したような、私たちは「自由の刑に処されている」というサルトルの主張に関して、それぞれ自分自身の判断を下さなければならない。サルトルは、ひょっとしたら、誤ってこの自由の感覚にこだわっているだけかもしれない……。

読書案内

Searl, J.（1991）*Minds, Brains & Science*, London: Penguin.（『心・脳・科学』ジョン・サール／土屋俊訳、岩波書店、１９９３）第6章「意志の自由」。この章は読みやすく、印象的である。このサールの本は、別の章も心身論争の参考文献として薦められる。

Nagel, T.（1987）*What Does it All Mean? A Very Short Introduction to Philosophy*, Oxford: Oxford University Press.（『哲学ってどんなこと?——とっても短い哲学入門』トマス・ネーゲル／岡本裕一朗・若松良樹共訳、昭和堂、１９９３）第6章「自由意志」。非常に親しみやすい文章で議論を紹介するきわめて明快な本である。ネーゲルは哲学や心理学の予備知識が何もなくても理解できるようにこの本を書いている。この本の別の章は心身論争の参考文献として薦められる。

Hospers, J.（1990）*An Introduction to Philosophical Analysis*, 3rd edn, London: Routledge.（『分析哲学入門1〜5』斎藤哲郎監修（1971）法政大学出版局）第5章「原因、決定論、自由」。

第3章　還元主義

◆はじめに

この章で検討するのは、世界と世界のなかにあるすべてのものは、人間も含めて原子や原子より小さな粒子で出来上がっているのだから、心理学すなわち人間の行動と経験を研究する最良の方法とは、いわば底辺から積み上げていくようなボトムアップ式であろう、という考え方である。還元主義のアプローチが意味するのは、個人が抱く思考にしても、個人が示す行動にしても、そうした思考や行動は、どれも「より低い」水準の出来事から「作られた」のであり、その水準の出来事によって実現しているのは否定しがたい、ということである。私たち人間が、原子が集まってできた生物学的システムに「すぎない」というのは、端的にいって否定しようのない事実である。「より高い」水準として語られているもの、たとえば、ピクニックとか車とか教科書とかテーブルとか、人間とか、観念とかいったものは、どれも皆、原子から構成された物理的・生物学的な物体から発生しているからこそ実現している、というのも確かに事実である。心身問題を検討する第4章でも、引き続きこの問題を取り上げる。ここで取り組むべき問題は、「心」について語るのなら、原子で出来上がった物質的なものについて語るべきだという主張は正しいと言えるのか、あるいは、単なる物質**以上の形而上学的な**何かについて語るべきだという主張は正しいと言えるのか、である。この章では、また、実験的な還元主義と進化論的視点の意義についても検討する。

◆還元主義と説明の水準

手始めに、小切手にサインをするといったような、単純な行動について考えてみよう。そこには何も問題はないかもしれない。小切手にサインをするのは実に簡単なことである。小切手にサインをする、それだけである。確かにそうなのだが、しかしそれだけではない。このような単純なことでさえ、いくつもの異なった水準で記述できるのであり、そしてそこから問題が生じてくる。事態をはっきりさせるために、

（7）社会学的／政治学的水準	全体論的
（6）社会心理学的水準	⇓
（5）心理学的水準	⇓
（4）身体的／筋運動的水準	⇓
（3）生理学的システム	⇓
（2）生理学的単位の水準	⇓
（1）神経学的	⇓
	還元主義的

図3-1　説明の水準（Rose, 1976 を改変）

小切手のサインに関して考えられるさまざまな説明の水準を、一つひとつ調べてみることにしよう。底辺の水準――これが最も**還元主義的**である――から始めて、還元の度合いが一番少ない水準――これが最も**全体論的**である――へと上に向かっていくのがよいだろう。

図3-1は考えられるそれぞれの水準を示しており、また、それらは階層をなしている。ここで例に出した各水準の間に、さらに別の水準を置くこともできるという点を見落としてはならない。同様に、水準（1）より下の水準もあるし、水準（7）より上の水準もあるが、とりあえずここで取り上げる必要はない。図3-1にあげた水準だけでも、ここで問題となっている原理を評価するには十分である。

（1）神経学的水準

この例のなかで考えられる最小単位の水準では、小切手にサインをするために、書き手の脳が何らかの水準で関与していると断言して間違いないだろう。サインをする手の運動が、筋肉のある種のランダムな活動として、勝手に生じるわけではない。手は脳からの、特に運動皮質という脳の部位から、指令を受け取る。この脳の領域は、小脳と連動して働き、複雑な運動を制御するうえで重要な役割を果たすことが知られている。人が自分の名前のサインのしかたをしっかりと身につけてしまえば、サインのしかたは脳のこの部位におそらく「プログラムされて」いるはずであり、そのため、サインをするという行為は、脳のこの領域からかなり自動的に引き起こされるようになっている。この文脈での「プログラムされた」という用語は、脳とサインを書く行動との間の連絡経路が、きわめて適切に確立され、自動化されているという考え方を意味する。これらの経路は屋内配線にたとえてもよい。たとえば、ある決まったスイッチをオンにすれば、ある決まったライトが点灯するが、これはその間の経路がしっかりと配線されているからである。

(2) 生理学的単位の水準

もう一段高い水準に上がってみると、サインをするという行為に責任があるのは小脳や運動皮質だけではないことがわかる。これはそれほど難しい意味ではない。小切手にサインをするためには小脳と運動皮質という単位が必要であるが、それ以外の生理学的単位も小切手のサインに寄与している、ということである。たとえば、通常なら視覚システムが関係してくることが多いだろう。もちろん、小脳以外の脳の部位も関係している。たとえば、小切手にサインをしようと決めるという決定そのものが、脳のどこかで発生したはずである。また、手と目を連携させるという仕事にも、脳のどこかの部位が関係しているだろう。したがって、還元主義的な説明に関心を寄せる研究者にとって、最終的に必要なのは、関連するさまざまな部位がどのように協調して働くのかを調べることだろう。

（3）生理学的システムの水準

ここで主張されるのは、サインの書き手の、生理学的に相互に関連したシステム全体の統合が必要になるということである。サインを書くのは全体としての有機体なのである。もちろん、この「有機体（organism）」という用語は、こうした種類の「組織（organisation）」を意味している。

（4）身体的／筋運動的水準

当然、厳密な行動主義者が主題として関心を寄せたのは、実際にはもっぱらこの水準だけである。行動主義者の主張では、生理学的・生物学的側面は、生理学や生物学の領域のものであり、心理学のものではない。また、行動主義のアプローチが強調するのは、目に見える行動だけを心理学のデータとすべきだという単純な主張である。では、この水準で観察できるものは何だろうか。単純に、小切手にサインをする行動を示すときの、書き手の腕や手の動きである。単にそれだけのことである。これまでの三つの水準は心理学の領域外にあり、むしろ生物学の方に関係があるため除外すべきであるが、他方、これより先のより高い水準は、これから詳しく見ていくことにするが、容易に観察可能ではないという理由でやはり除外すべきだということになる。そうした水準のものは、ほとんど実体がなく（じかに触わることができないという意味で）、物質的でもなく、観察可能でもない、といった具合である。行動的な水準が関係しているのは、もっぱら表立って現れるもの、つまり、はっきりと観察できるものだけである。

だが、次のように主張する研究者は多い。すなわち、最終的に答えを見つけたい心理学に関する問題はすべて、生理学や生物学のもっと還元的な水準を調べることで徐々に説明されるだろう。そして、こうした水準を調べたあとで、いわば部品のすべてをまとめれば心理学の問題を復元できるだろう、という主張である。このようにボトムアップのやり方で統合したり再建したりすることで、私たちは一つの理解に到達することになる。つまり、基礎となるボトムレベルの理解から、脳全体がどのように働いているかについての詳細な説明に至るのである。

(5) 心理学的水準

この水準は、これに続く二つの水準と同様、ほとんど実体がなく、あるいは言い換えれば、じかに観察することができない。小切手にサインをする行為には、他者には観察できないさまざまな心理学的側面が含まれているかもしれない。だが、実際に小切手にサインする当人にとっては、上記(4)の行動的な水準よりも、こちらの水準の方がはるかに重要だろう。実のところ、サインをするという実際の行為は、サインの書き手にしてみれば、もっと重要な心理学的現実を実現するために必要な、単なる手段のように思われるだろう。小切手にサインをする人は、心理学的な水準では、他者からは観察できない多くの事柄を感じたり考えたりしているかもしれない。そうした事柄のなかには、たとえば、(a)「今月はとてもうまくやり繰りできたようだ」という自尊心、(b)「この小切手にサインをするのは実に腹立たしい。どうして親が子どもの通う大学の授業料を払わなければならないのだ」という憤慨、(c)「たった10分の駐車違反でこの反則金はひどすぎる」という怒り、などが含まれるだろう。心理学的な水準とは、言ってみれば、小切手にサインをする人の頭のなかを「覗き込み」、サインをするという行動の周囲にどのような心理学的現実があるのかを想像することで成り立っている。

（6）社会心理学的水準

だがしかし、人間は高度に社会的な動物である。その点で（上の（4）の節で述べたような）純粋に行動的な水準の説明を採用することは、実際に起こっている出来事を貧困化するように見えるだろう。他者に対する責務など、目に見えない社会的な条件が私たちの行動の多くに潜んでいることは否定できない。私が小切手にサインをする場合、確かにそれは、腕や手の一連の運動であるとか、筋肉の収縮として記述できる。だが、小切手にサインするときにしていることは、それがすべてであるなどと考えるのはどうかしている。こうした行動はその社会的な文脈のなかで見ることもできるからである。いま、私は長年にわたる借金を友人に返そうとしているのかもしれない。そうなると社会心理学的な文脈によって、この運動としての行動は、はるかに高度な観念へと姿を変えることになるだろう。たとえば、借りたものをきちんと返すことで、私は面目を保っている。私は単に腕を動かしているのではなく、借りを返しているのである。この意味では、私が何をしているのかと誰かに聞かれたとすれば、私の正しい答え方は「大切な友人に借りを返しているところです」というものだろうと考えるのが当然である。これが、説明の適切な水準であり、私がしていることについての最も適切な答え方である。このときに、もし私が「主に腕の運動からなる行動をしています。なぜそんなことを聞くのですか。見ての通りですよ」などと答えたとしたら、この質問をした人はきっとひどく腹を立てるに違いない。実際そのような答え方はいやみに受け取られるだろう。さらに言えば、もしその質問をしたのがお金を借りている友人その人だとしたら、こんな答え方では明らかに不十分だろう。この答え方は、社会的・対人関係的な水準で実際に進行している現実を無視しているからである。

したがって、行動が生じた社会的文脈がきわめて重要であり、単に観察可能な行動だけに焦点をあてるのは納得しがたく、かなり歪んだ還元主義のやり方であると言えるだろう。また、この還元主義は、はっきり目に見える私たちの行動の多くには、すぐには見えにくい社会的な意味合いがあるという事実を見落としている。だが、こうした社会的な意味合いは、まさに現実のものである。個人の行動はたいていの場合、他者に対して意味を持っている。

ここで、巣に戻ったミツバチがある特定の種類の8の字のダンスを見せるという事実について考えてみよう。わかっているのは、巣に対して8の字ダンスのつくる角度が、蜜のある花が巣の外のどの方角にあるかを他のミツバチに知らせているということである。また、羽を動かす速さは、巣から蜜のありかまでの距離に関する情報を伝えている。したがって明らかに、ミツバチのダンスはそれだけを切り離して見るべきではなく、むしろ、このダンスを正しく理解するには、それが他のミツバチに何を伝えているのかという文脈を考えなければならない。とすれば、個々のミツバチにいくら焦点をあてても、調査すべき行動のより広い社会的な目的を見落としてしまい、役に立たない限定された説明にしかならないだろう。

人間の行動に戻って、これと同じことが主張できる。銃の引き金にかけた人差し指を引き絞るという行動は、その行動が現れた社会的な文脈に照らして見ていく必要がある。そうしないと、この行動の断片がまったく異なるさまざまな社会的文脈のなかで出現しうるということが問題になる。銃の発砲の結果生じるのは、裁判ざたかもしれないし、オリンピックの金メダルかもしれないし、農家の食卓にのぼるウサギのシチューかもしれない。行動の水準への還元は、行動の背後にある意図を無視する限り、やはり役に立たない不完全なものである。

(7) 社会学的/政治的水準

小切手のサインをめぐる例に戻ると、これは、社会的、社会学的、政治的な意味という文脈のなかで見ることができるかもしれない。その意味というのは、単純に小切手にサイン**すること**でも、単なるシンボルを書き記すという行為でもない。サインによって、ある目的を達することができるからである。サインをするということは、実際には、ある口座から別の口座に、あるいはある場所から別の場所に、多額の金銭を移すための金融メカニズムの一部かもしれない。銃の発砲の例の場合と同じように、小切手にサインをするという行為には買い物リストを書くのと同じ筋肉の運動や腕を動かす行動が含まれるかもしれないが、その意味や結果は、ことによると、きわめて重大ということもあるだろう。それによって、持ち望まれていた巨額の援助が、貧しい国に送られることになるかもしれない。この場合に、小切手にサインをする人がしていることは、行動的な観点から見れば、世界的なサッカー選手が熱心なファンのためにサインをするのとほぼ同じことなのだが、しかし、ファンにサインをするのと送金をするのとではまったく違う事柄である。やはり、行動の背後に本質的な意味があるという考え方は非常に重要である。こうした行為を単なる行動的な説明に委ねてしまい、社会的、社会学的、政治的な高次の水準を無視することには、どのような問題がはらまれているのだろうか。これを次の節で検討してみよう。

◆――行動的な説明の長所と短所

1938年9月30日、ネビル・チェンバレン首相は、アドルフ・ヒトラーの署名入りの合意文書と、「これでわれらの時代の平和は約束された」という有名な言葉を携えて、ミュンヘンから帰国した。その翌年は、ソ連とドイツがポーランドに侵攻し、第二次世界大戦の勃発の年となった。ヒトラーが実際にそう考えたかどうかは別として、彼がやったことは、この「合意」で言われていることの地位や効果や約束や意義を、「うん、彼はいい人みたいだったから、私のサインをあげたんだよ」というものに還元することだったといえる。「より高い」水準の説明を無視した言い方に問題があることは、もはやあまりにもはっきりしている。そうした言い方は実際のところ役に立たない還元なのである。誰かに自分のサインをあげるのと和平を約束するのとは、たとえ行動の水準では紙にサインするときにこの両者に同じような手の運動が観察されるとしても、明らかに違う。

政治的・社会的な文脈、社会的な責務といったものは、実際に小切手にサインをする行為とは違って、ただちに観察できるものではない。先に触れたヒトラーの皮肉な言いぐさは、どの観察者も否定しえない事柄を指している。強調されているのは、ファンにサインをしたり小切手にサインをするときの、目に見える手の運動であり、目に見えない書き手の意図ではない。おそらくこれが、行動的な水準での説明の長所でもあり、短所でもある。長所であるというのは、行動的な水準の記述についてははっきりと確信が持てるからであり、短所であるというのは、それ以外の目に見えにくい現実が見落とされてしまうからである。

哲学の一分野に**認識論**に関するものがある。この用語が示しているのは簡単に言えば、私たちはどのようにして何かを知るに至るのか、私たちが知っていることが本当に真実かどうかをどのようにして知るのか、ということである。したがって、行動的な水準の記述は認識論的に健全である、という言い方もできるだろう。手の運動が生じたということには疑いの余地がないからである。しかし、行動的な水準の説明には弱点がある。そうした弱点の一つは、行動主義の枠組みのなかで長期的な目標を説明する場合の問題に関係している。次の節ではこれを取り上げる。

◆長期的目標の観点からの行動の説明

行動を説明するにあたって、進行中の文脈を考慮に入れることは重要である。ある時点での行動のスナップショットを一枚だけ撮っても、現に進行していることを十分に説明するものとはならないだろう。たとえば、子どもが靴のひもを結んでいる場面を考えてみよう。ひもをきちんと結べたというその最終結果は、全体的な目標を達成するために必要な一連の副次的目標のなかの、一つの副次的目標にすぎないかもしれない。そうすると、その子どもの全体的な目標は学校に行く支度をするということだろう。靴のひもを結ぶのはそのなかのごく一部にすぎない。もし、その子が誰かに「何をしているの?」と聞かれたら、副次的な目標を述べるのもその子の正しい答え方ではある。つまり「靴のひもを結んでるところだよ」という答え方である。しかし、靴のひもを結んでいるのは誰でも見ればわかるのだから、この答え方は、いやみに聞こえるかもしれない。こういう途中経過とか副次的目標ではなく、全体的な目標を説明する方が、答え方としてはもっともらしいだろう。つまり、ここでは「学校に行く支度をしてるところだよ」の方がふさわしい。同じように、この子の親が、この子に学校に行く支度をするように言ったところ、靴のひもを結び始めたので怒り出したとしたら、それもまた変である。「学校に行く支度をしなさいとは言いましたが、ひもをいじりなさいとは言ってません」というような反応は、この行動を全体的な文脈のなかで見なければならないのに、それを無視しているわけである。

最終的な目標や目的と関連づけて現象を説明することは、**目的論**(teleology)と呼ばれることが多い。これは「遠く、離れて」を意味する tele というギリシア語から来ている。したがって、たとえばテレビジョンという単語は、遠くからものを見るという考えを表している。同じ語源がテレフォンやテレパシーといった単語にもある。行動の目的論的な説明が取り上げるのは、行動の最終目標であり、ある時点に固定されて文脈から切り離された、行動の単なる断片的なスナップショットではない。そうなると、行動主義にとっての問題点がかなりはっきりしてくるはずである。行動主義の強みが、明白で誰にでも利用できる確実な行動だけを分析のデータにすべきだという点にあるとすると、やはり、目的のある行動については厄介なことになる。多くの場合、最終的な目標を見るためには、長期間にわたってその個人が行動を示す必要がある。行動の最終目標は、必ずしも観察者の目の前にあるわけではなく、先ほどの学校に行く支度をしている子どもの例を見てもこれは明らかである。このように、あらゆる行動はどういう文脈のなかにあるのかを見きわめながら説明する必要がある。だが、行動主義の不幸な傾向として、ある目的に向かって進行している部分的な行動（それぞれに見たところ最終目標がある）の集まりを、そうした目的・意味・文脈の欠けた行動の単位に還元してしまうことが多い。すでに見てきた通り、この文脈には、行動の社会的な意味だけではなく、目的に向かって進行中の文脈も含まれる。つまり、目的論的な説明が必要なのである。

◆還元主義と社会的行動の解釈

行動主義の中心的な考え方とは、観察可能な行動だけが心理学の基礎をなすべきであり、なぜならそうしたデータはより科学的で客観的なのだから、というものである。スキナーの研究の場合、ラットは、バーを押してエサを得るか、それをしないかのどちらかである。観察の対象は、その行動が現れる一定の数量的な回数である。また、エサによる強化スケジュールの違いによって、強化がなくなったときにラットがいつまでバーを押し続けるかが変わってくる、といったことも観察の対象になる。しかし、人間の行動、特に人間の社会的行動は、はるかに複雑なものである。日常の簡単な行動でさえも、心理学者が説明しようとするといろいろな問題がある。このため、行動主義は心理学にとって不適切な還元主義であり、その理由は一つや二つにとどまらない、という主張が出てくる。なかでも目立つのは、心理学が、機械的な行動の説明を確立するために、たとえばラットやハトの行動を研究し、系統発生のはるか昔に戻らなければならなくなってしまう、という主張である。こうして、ハトやラットについては多くのことがわかったが、人間についてはほとんどわからない。行動主義者の主張は、比較的単純な動物を調べさえすれば、動物の行動、さらには人間の行動を支配する基本的な原理を引き出すことができる、というものだろう。これは、科学者が航空機を開発するときに還元的なアプローチを採用し、航空機の小さなモデルを風洞のような小さな環境のなかでテストするのと同じようなことかもしれない。航空機の開発者は、このような縮小された実験室の条件下で、ある特定の設計がさまざまな飛行条件に耐えられるかどうかを知ることができると主張するだろう。こうして、航空機の最終的な設計に向けて、細かい修正を加えていくことができる。

だが、このような還元主義的アプローチからの弁護に対しては、以下のように簡単に反論することができるだろう。この例の場合、研究の対象をそのまま小さくしたモデルが使われているが、ラットやハトは、どう考えても人間を小さくしたものではない。ラットにはラットの生活があり、人間には人間の生活がある。したがって、本当に人間の行動を研究したいのなら、まず手始めに、人間を人間ではない何かのように扱うのをやめるべきである。実際、ロム・ハレは非常に簡単な提案を行なった（Harré and Secord, 1972）。その提案とは、これからの心理学者は人間を「人間」として扱う、というものである。この点に関し、このようなスローガンを使ったハレの真意を探ってみるのも無駄ではないだろう。人間は高度に社会的な存在である。そうであるがゆえに、人間は複雑に入り組んださまざまな要因に従って生活している。したがって、現実の人々と何かしら関係のある心理学を本当に確立するつもりなら、社会的な規則、期待、義務、その他、人間として生活するうえでの一筋縄ではいかないあらゆる側面を説明する必要がある。ここで、こうした側面のことを「一筋縄ではいかない」と表現したのは、これからの節で要点を見ていくように、調査や観察が容易ではないからである。こうした側面は、どちらかといえば隠れており、そのため客観的に研究することが難しい。では、人間の行動を支えるこれらの隠れた規則とは何だろうか。次の節では、この難しい、一筋縄ではいかない領域について簡単に触れていく。

◆――人々を「人間」として扱う

この章では、社会心理学の実験的な還元主義をめぐる限界や問題点に焦点をあてる。ここで考察するのは「単なる」常識の重要性である。

1970年代に人気を博した社会学の一潮流に、**エスノメソドロジー**がある。この潮流が一般的に関心を寄せるのは、日常の社会生活のなかの見えているのに気づかれない側面を説明することであり、これには、あたりまえとされた規則や日々の生活の背景として期待されていることが含まれる。この領域で研究をしている社会科学者たちの関心は、こうした規則や期待を明るみに出すことである。

しかし、日常生活のなかで誰もが実際にこうした規則に従って行動しているとすれば、なぜ、わざわざそれを明らかにする必要があるのだろうか。これに対する答えは、次の通りである。こうした規則や期待はしっかりと確立しており、私たちの社会的行動のほとんどのところにかなり自動的に組み込まれているので、そうした規則に従って、ある特定の期待を抱いている人たちは、そもそものことに気づきさえしない。だからこそ、明らかにする必要がある。

人々は、こうした規則や期待を暗黙のうちに理解しているが、はっきりとは口に出さないのがふつうである。つまり、人々は、改まってはっきりと口に出したり、書き留めたりするまでもなく、忠実に、規則や期待に従うことが多い。そうした規則が何であるかは、誰もが、なんとなくわかっているのである。

エスノメソドロジーの研究の多くは、その定義からいって、きわめてありきたりなものである。研究の対象は、平凡な日常生活の側面である。その典型的な例が、カフェに入るときの私たちの行動だろう。店内に入ったとき、他の客が一人だけいたとしよう。あなたはどこに座るだろう。何か「規則」があるだろうか。あなたは、規則は何もないし、ともかく、何かが明記されているわけではない、と答えるかもしれない。それでは私が、あなたはそのカフェの先客のすぐ隣の席に座りますね、と言ったら、どうだろうか。あなたの返事はおそらくこうだろう。「いや、そんなことはしないのは、誰だってわかるでしょう。先客からそれなりに離れた席に座るのではないですか」。さて、この返事によって、守られている「規則」や期待されている事柄が明らかにされたのである。

エスノメソドロジーで行なわれている典型的な研究というのは、以下のようなものである。これもやはり、平凡な筋書きからなっている。ここでは（通りを歩くという）非常に基本的な行動が研究の対象である。私たちが、通りを歩いている人々を見て、誰かと一緒に歩いていると解釈したり、一人で歩いていると解釈したりするのは、どのような「規則」によるのだろうか。「歩いている子どもの3メートル後ろに大人の女性がいれば、この二人は母と子に見えるだろうし、したがって一緒に歩いていると解釈されるだろう。これに対して、制服警官とティーンの女の子が並んで歩いていても、一緒に歩いているようには見えないかもしれないし、そうなると、この二人はそれぞれ一人で歩いていると解釈されるだろう」（Ryave and Schenkein, 1974）。

このような規則を改めて明記しようと試みることによって、はじめて、どれほど多くの規則が、私たちの行動や日常生活における他者の行動についての解釈を支配しているかが明らかになる。誰でも女性と子どもが一緒に歩いているのはなんとなくわかるが、これは誰もが世界についての膨大な常識的知識を持っているからである。（認知心理学なら、こうした常識的知識をスキーマと呼ぶだろう。）小さな子どもが通りを歩くときには誰かに見守られる必要があるが、制服を着ている警官は職務中なのであり、したがってガールフレンドと一緒に歩くことはできない（あるいは歩くべきではない）のである。

このように社会的行動は、正真正銘の行動主義のやり方で単純に測定できるものではない。言い換えると、行動だけの分析に切り縮めて**還元する**ことはできない。行動には**解釈**が必要となる。この解釈を支配しているのは、社会集団あるいは特定の社会のすべてのメンバーが所有している膨大な数の、常識的な、あたりまえの知識なのである。

◆──還元主義とカテゴリー錯誤

このように、多くの行動はさまざまな水準で説明することができる。還元の度合いが大きければ大きいほど、概して、正しい説明の「証拠」も手に入りやすいように思われる。すぐに観察される行動には、何かしら否定しがたいものがある。生物学的な「現実」は、心理学の領域（図３‐１の（５）の水準）とはかなり異なったカテゴリーのものに見えるだろう。心理学的なものは、見ることも感じることも触ることもできない。この領域についての直接的な知識を持っているのは、特定の心理状態にあるその人だけである。他方、外に表された行動なら、観察し、測定することができる。生物学の世界の領域は、もともと物質的であることには変わりはない。このような物質的世界については、科学者は、反応が生じるまでの時間を測定したり、細胞の興奮を調べたり、脳波計を使って脳の活動を測定し、記録するというように、もっと直接的な方法で観察することができる。これに対して、特に問題なのは（６）と（７）の水準である。これらの水準が関係している「現実」は、単純に「それだけ」を取り出して、直接的に観察・測定できるものではない。異なった水準の現実を混同してしまうのが、**カテゴリー錯誤**である。

これとよく似ているのが、オックスフォード大学を案内してほしいと頼んだ旅行者の話である。いろいろな教室や講堂などを案内してもらった後に、この旅行者は大声で「なるほど。それで、オックスフォード大学はどこです？」と言った。ここで、旅行者はカテゴリー錯誤を犯している。大学という実体は、それぞれの教室などのカテゴリーとは別のものである。したがって、大学は特定の教室その他には還元できない。オックスフォード大学という観念／実体は、そのなかで観察できる個々の部屋よりも、カテゴリーとして水準が高いところにある。

◆――カテゴリー錯誤と行動の説明

この節では、カテゴリー錯誤という哲学の考え方について簡単に検討する。ある種の行動、特に社会的・対人的な行動は、ある時点で直接観察された通りに、端的に姿を現すわけではない。ここで、（a）バスに向かって走っている、（b）選挙戦に向かって走っている、という二つの場合の違いを考えてみよう。バスの場合なら、いわば「一気に」観察できる。選挙の場合は、さまざまな行動を、当選をめざす過程の一部として記述する必要がある。私がジムのことを選挙に向けて走っていると描写するなら、「では、いつどこで彼がそうしていたのかを教えてくれ」という答えが返ってきてもおかしくない。ここで、私にできることは、私が言うところのジムがしていることにつながる行動の例を、一つひとつ列挙していくことだけだろう。このように（a）と（b）は別々のカテゴリーなのである。バスに向かって走っているのなら、もっと簡単に証拠を示して記述できる。

同じように、対人行動の領域でも、（a）職場の同僚をクリケットのバットで殴る、（b）その同僚の昇進のチャンスを奪う、の二つの間にカテゴリーの違いがあるのは明らかだろう。やはり、明らかにカテゴリーが違うはずである。(a)の場合、これにあたる行動はすぐに観察できる。(a)の構成要素は見ている人の目の前にある。これに対し、何が(b)を構成しているのかと聞かれた場合には、そうした行動にあたるものを**実例**としてあげることになるだろう。

同様に、(a)男が妻子を支えている、(b)その同じ男が子どもの体重を膝で支えている、の間のカテゴリーの違いもはっきりしているだろう。この二つは明らかに別のカテゴリーに属している。論理的には可能かもしれないが、(a)のために必要なものをその構成要素に**還元する**ことは、(b)の場合に比べて、はるかに困難である。このため、行動の説明に関係している還元主義は、(a)の場合にはかなり多くの問題を抱えることになる。これは、この章で取り上げた長期的目標に関する議論(57‐59ページ)とも関係がある。

このように、還元主義をめぐる議論は、説明の水準に焦点をあてたものが多い。特に中心的に取り上げられてきたのは、行動主義の持つ還元的な側面の長所と短所である。しかし、これ以外にも、還元主義に関する問題と還元主義の種類には重要なものがある。これから取り上げるのはそれらの問題である。また、別に章を改めて、還元主義が心身問題にとって何を意味するのかをじっくり考える。

◆――実験的還元主義

「現実世界」を探究しようという試みは、そこで進行している出来事に多くの要因が影響を及ぼしうるため、きわめて難しい場合が多い。非常に多くの要因が、同時に、さまざまな多くの結果を引き起こすこともめずらしくない。言い換えれば、あまりにも多くの出来事が進行しているので、何が進行しているのかを正確に見きわめることが困難なのである。このため、心理学者に限らず、科学者たちは、好んで実験室のなかに「小さな世界」を作り出すことが多かった。そうすることで、科学者たちは、一つないしごく少数の、考えられる原因と結果だけに特に的を絞ることができた。こうして、数多くあった原因と結果が、処理できる数まで限定される。これが**実験的還元主義**の意味するところである。

　実験的還元主義が何を意味しているのかは、たとえば、問題解決にとって最適な集団の規模を明らかにしようとする研究者の試みを例にとると、さらにわかりやすく説明できる。実験の被験者たちは、二つある実験条件のうちの一つにランダムに割り振られる。第一の条件では、被験者は、たとえば3名という、小さな集団のなかで作業をする。第二の条件の方では、集団は8名で構成される。それぞれの条件のもとで問題の解決にかかった時間は簡単に測定できる。このように、ここで重要な要素というのは、（a）集団の規模、ならびに（b）解決までにかかった時間、の二つだけである。実験者の考えでは、問題を解くのにかかった時間は、何らかの形で集団の規模に従属しているため、（b）は**従属変数**と呼ばれる。一方、（a）は言うまでもなく**独立変数**である。このときに実験者は、集団が大きければ答えが出るまで長くかかる、と考えたかもしれない。「船頭多くして船山に上る」という常識的な考え方である。あるいは、まったく逆に働くこともあるかもしれない。集団が大きければ、アイデアを共有し、知恵を出しあうこともできるだろう。この場合には「三人寄れば文殊の知恵」という別の常識的な考え方である。

この種の実験的な研究を擁護する立場からまず言われることは、経験科学の真価は、研究者が実験を行なうことで、世界がどう動くかに関して「常識的な」知識に頼るのをやめ、世界そのものを観察したときに実際に何が生じるかを観察できることにある、という点だろう。しかし、先ほどの例を考えてみると、この種の実験的還元主義には批判すべき点がいくつかある。

実験的還元主義をめぐる問題点

(i) あとで実験を再現できるようにするために、実験者は変数を**操作可能**にする必要がある。先の例では、集団の過程に関する二つの重要な変数が、明確に特定されており、容易に操作できるようになっていた。つまり、研究者が操作できるように簡明に定義されている。さしあたり、これには何の問題もないように思われる。問題を解決するのにかかった時間――従属変数――は特に明快である。被験者たちに解くべき問題を与えてストップウォッチをスタートさせ、正しい答えが出たときにストップウォッチを止める。また、一見したところでは、集団の規模――独立変数――も、同じように明確に定義されているように思われる。確かに、集団規模については明確に定義され、異論の余地がないが、しかし、いまから説明するように、これが常に単純明快であるとは限らない。

このように、いわば被験者の頭数を数えるやり方で、集団を限定的に記述しようとする試みは、簡単かつ客観的であり、明確に定義されているように見える。この実験は、独立変数と従属変数の単純な関係を調べられるようになっている。だが、単純に頭数（独立変数）を数えて、問題を解くのに要した時間（従属変数）を記録しても、そこでは、実際に集団で問題の解決に取り組んでいるときに何が生じているのかが考慮されていない。このように、単純に変数をこういった数字に還元してしまうと、たとえば、その「集団」はそもそも一つのグループではなかったといった事実を見落とすことになる。この場合の8名の集団は、実際に協同で作業をするには大きすぎたのかもしれない。実験者が、本当のところ集団のなかで何が起こっていたのかを被験者に実際に聞いてみると、8名の被験者がこっそりと二つの小さなグループに分かれ、実はそれぞれのグループが別々に正しい答えを出していた、と報告されることがまれではない。そうなるとここでは、一見8名の集団のように見えるが、実は4名の「非公式」集団が二つあることになる。

このように、独立変数を（この場合は）被験者の頭数へと単純に還元するというやり方は、もっぱら変数の操作によって成立する実験的な研究方法のわかりやすい例である。この変数の操作という行為は、うまく測定できる何かに還元するという行為だが、しかし、その何かは、実験そのものの内部で実際に進行する出来事とは似ていない。その状況に参加している被験者の理解をかえりみず、研究者の理解が押しつけられる。研究者の視点は、部外者の視点なのである。これに対して、実験そのものの内部では、まったく違った視点をとることができるだろう。だが、そのためには、この客観的（だが誤った）立場を捨て、実際にその実験の過程に関与した被験者からの、より主観的（だが正確な）説明をとる必要がある。

（ii）こうした実験による社会的過程の説明を扱った学術雑誌をいくつも眺めていると、すぐにわかるのは、この種の実験で被験者に与えられる問題の性質が、本質的にいって還元主義の形になっていることである。たとえば、「現実生活」の制度的な状況のなかでは、ふつう、問題はもっと複雑な、不明確な形で現れる。実験をしている間に被験者が答えにたどり着く――そうすれば、問題を解くまでにかかった時間という、この場合の従属変数が測定できる――ことが望ましいため、被験者に与える問題は「水で薄めた」もの、あるいは少なくとも、実験の計画上、現実的な時間内で明らかに解答の出るものでなければならないことが多い。

(iii) したがって上記の点から、**内的妥当性**が実現されているに違いないことは明らかである。つまり、実験者は、その実験のなかでどの変数が何に影響を及ぼすかについて、明確に理解している。だが、これを実現するために、**外的妥当性**が犠牲になる。つまり、この縮小された実験場面からの知見が「現実世界」で進行している出来事と実際に何らかの関連性がある、という現実的な主張はできなくなる。必ずというわけではないが、上で述べたような種類の実験社会心理学は、社会的世界のどちらかといえば取るに足らない些細な局面に専念していると批判されることがある。たとえば、会話の最中に視線を合わせることがどれくらいあるか、さまざまなタイプの社会的相互作用の際に人々はどれくらい近づいて座るのか、あるいは厳密にどの席を選ぶのか、などである。こうした方法論上の厳密さに閉じこもる研究者は、政治的に重要な社会的現実を無視していると非難されかねない。社会科学者がなすべき仕事は、つまらないことを調べるために社会的世界を実験的な「舞台」に還元することではなく、むしろ、社会的世界そのものがどのように作られ、どのように維持されているのかを調べることだろう。以上のような実験的還元主義が、社会心理学だけのものではないのは明らかだろう。さらに付け加えると、認知心理学の分野で仕事をしている多くの研究者は、脳がどのように情報を処理するのかを明らかにするうえで、実験的還元主義は非常に効果的な方法であると主張するはずである。心理学の別の研究領域における実験的還元主義の問題を、これから見ていこう。

◆還元主義と視覚の研究

知覚の原理を説明するとされる研究への批判として、通例、ミュラー＝リヤーやネッカーの立方体のような、様式化した二次元の「トリック」あるいは錯覚という形の、貧弱な視覚風景に頼っている点があげられる。確かにそれらは知覚のなかで働いている何らかの原理を説明しているが、知覚の研究をもっぱらこのような不思議な視覚に還元してしまうことで、私たちがふだんどのようにして世界を理解しているのかについての研究を避けているようにも見える。また、これも重要なことだが、私たちが見ているのは、二次元ではなく、三次元の世界である。こうしたアプローチは、研究の対象を絞り込み、いくつかの「トリック」に還元できるような、見るという感覚だけが関係する限られた知覚の研究に取り組む……。こういう言い方をすると、一見、少し奇妙に感じられるかもしれない。ここで議論されているのは、確かに見るという感覚ではないのか。他に何が議論の焦点になるというのだろうか。そう考える人がいるかもしれない。

だが、ここで問題にしているのは、知覚という行為には、視覚システムだけではなく、**人間全体**が関わっているという主張のことである。たとえば、あなたがバイオリンを見るとき、本当にただそこにある物を見るだけだろうか。その対象と結びついた感情や情緒もあるのではないか。バイオリンがもたらす素晴らしい音も呼び覚まされ、それがこの知覚の重要な要素になっているのではないか。空港のターミナルに入り、親友が自分の方に歩いてくるのを見たとき、人の顔を識別するというこの知覚には感情もまた伴っているのではないか。そして、期待していたものの知覚がまさに**ないこと**の直接的な結果として引き起こされる感情についてはどうだろうか。次の引用は、こうした知覚の、いわば欠如的な側面の例である。

……私は、友人のピエールに会うのを期待してカフェに行き、そして知覚を通じ、彼がそこにいないことをただちに知る。カフェや他のすべての人々がすぐに背景と化し、私はこの背景に対してピエールが浮き出して見えるのを期待している。しかし彼はいない。……もちろん、どの時点にしても、彼以外にも大勢の人々が、そのカフェにいない。しかし、その人々がいないことは、私が考えるかもしれない何かではあっても、知覚の対象ではない。会うことを期待していた誰かの不在は、知覚された不在であり、実際に経験された欠如あるいは無である……（Warnock, 1992, p.95）

この一節は、特に錯視という形で貧弱に縮小された視覚環境に頼りがちな心理学の知覚研究の方法に対して、どのような反論があるのかをはっきりさせるのに役立つ。主要な反論は、次の二つである。（1）知覚に関与しているのはその人の全体である。したがって、知覚の研究は、この全体から視覚システムを切り離して考えるようなやり方では実現できない。(2) ワーノックの例からはっきりしているように、関与しているのは視覚だけではなく、思考や概念化にも役割がある。ワーノックの例では、期待されていた視覚的入力の欠如そのものが、実際に知覚の経験それ自体の中心になっている。とはいえ、実をいうと、有名な錯視図形のなかには、この問題に注意を引きつけるものもある。図6-1のカニッツァの三角形がその良い例である。

実験的還元主義へのこれと同様の批判が向けられてきたのが、被験者にいわゆる無意味綴りの再生を求めるような記憶の研究である。現実の生活で記憶をこんなふうに使うことがあるだろうか。もちろん、この異論に対してもやはり、世界を単純化することによってこそ、ものごとがどのように働いているかを見ることができるようになる、という反論がある。

◆ 進化論的視点

心理学は人間の行動と経験についての研究であると定義されることが多い。もちろん、この文脈での「経験」の意味は、誰かが多くの人生経験を積んでいることを指す場合(たとえば、経験のある教師やセラピストについて語るときの意味)とは違う。むしろ、この場合の経験は、思考、恐れや嫉妬といった感情、情報処理、問題解決、記憶、知覚など、「心」の「内容」に関係するあらゆるものを指している。心理学者によっては、「経験」の定義に夢や無意識の活動を含めることがあり、人が眠っているときの夢も、目覚めていて「深層」レベルで考えている事柄について意識していない場合も、経験に含まれる。また、情報処理の場合も、何が進行しているのか当人が気づいていないことがあるが、これも経験のなかに含まれることになるだろう。(このカテゴリーには、閾下(サブリミナル)知覚や、いわゆる「盲視」現象が含まれ、後者についてはWeiskrantz, 1986の研究がある。)

人間の行動や経験を研究する際に心理学者たちが立てる問いは、なぜ人間はその行動を示すのか、なぜその種の心的な経験を持つのか、というものである。これは非常に素直な問いの立て方のように見える。だが、問題なのは、この「なぜ」という問いに対して、何種類かの異なった答え方ができることである。実際にどのような答え方になるかは、答える者が因果関係をどの水準やどの点に求めようとしているかにかかっている。次のような「なぜ」という問いを考えてみよう。なぜ母親はお腹を空かせた子どもを胸に抱いたのか。さて、この問いに対して、以下のような三種類のまったく異なる答えがありえる。

(1) 問題の行動は、その**原因**という観点から理解することができる。母親のそのような行動を引き起こした原因は、要するに子どもが泣いていたことである。もちろん、この答え方は、子どもを胸に抱くという母親の行動と、それに先立って生じた赤ん坊が泣くという出来事の間の関係を、原因と結果の関係として、簡潔に言い表している。心理学者たちは、母親の行動に**先行する**出来事として、子どもが泣いていることを原因に取り上げることが多いだろう。

(2) 問題の行動は、もっと長期的な尺度で先行している出来事から説明することもできる。そこで、この母親自身の人格的な成長という観点からの説明があるかもしれない。この場合には、適切な「良い」育児行動を説明するために、どうしたら「良い」母親になるのかを調べてみる必要があるだろう。この母親のこれまでの人生の成長の過程に何があったおかげで、適切な反応、つまり子どものための行動を示すことができるようになったのだろうか。母親なら誰でもこのような望ましい適切な育児行動を示すように成長するというわけではない。この特殊な成長の局面には、他の何にもまして、心理学的な要因が認められるだろう。そうした要因のなかには、その母親自身が子どものときにどのような育てられ方をしたのか、といったことも含まれるかもしれない。

（3）「なぜ」の問いに対する以上の二つの答えは、直接的な原因の観点と、より長期的な原因の観点から与えられたものである。直接的な原因はきわめて明快なものかもしれない。長期的な原因の方は、もっと長い期間にわたっており、現在ではもはや見ることのできない個人の歴史を含んでいるため、見きわめるのはそう簡単ではなく、いろいろとはっきりしないところがある。しかし、以上の二つの答えのどちらにしても、問題の核心への十分な答えにはなっていない。

さて、赤ん坊が泣いていると育児中の母親にこうした反応が起こることは誰でも知っている。私たち皆が知っているように、赤ん坊が泣くのは、たいていお腹が空いているとか何か不快な状態にあるという意味である。だが、どうして赤ん坊の泣き声が特に母親のこうした反応を引き出すのかという問題については、依然として答えられていない。これに答えるには、たったいま赤ん坊が何をしたかとか、母親のこれまでの人生に何が起きたかといった最近の歴史を、はるかに超えた問題に取り組まなければならない。実際のところ、この問題にもっと関係があるのは、人類という種がどのように進化してきたかである。そこでこの場合には、人類がどのように進化して、赤ん坊の泣き声に母親の授乳が伴うようになったのかという、ずっと長期的な歴史を扱わなければならない。ここで私たちが関心を寄せるのは、行動を究極的に制御するのは遺伝子であるという進化論的な事実である。これはつまり、進化の過程には、種のメンバーのなかで「最も健全な」遺伝子を持つ個体が結果的に生き残ることによる、種の微調整が伴うということである。最も健全であるとは、環境への適応という点での生存価を意味しており、必然的にこれは、繁殖に成功する可能性の高さ、またそれゆえ当の遺伝子が生き残る可能性の高さを指している。大雑把にいえば、次のような主張になるだろう。赤ん坊が（ここが重要なのだが）いまのような音程、音量、強さ、持続性その他をもって泣くのは、進化の過程を通じて、最も効果的に空腹を知らせる行動を示した個体が乳をもらい、それゆえに生き残り、さらに繁殖へと進む可能性があったからに他ならない。効果のない泣き方は、こうして死に絶えたのだろう。だが、いったいなぜ母親は反応するのだろうか。子どもの側の生存価についてはわかりやすいが、母親が泣き声に反応するのはどうしてなのか。

この点の議論に関しては、提起された問題への道徳的・情緒的・感傷的な答え方を避けた方がずっと生産的である。母親が反応するのは彼女にも赤ん坊の生存に関して確定的な利益があるからである。彼女が産んだ赤ん坊は自分の遺伝子の半分を伝えている。母親の行動は、自分の皮膚を保護したいからではなく、自分の遺伝子の生存を保証せよという遺伝的・進化論的な命令に動かされたものであり、それ以上でもそれ以下でもない。赤ん坊の泣き声が引き金となって、授乳をしている女性から母乳が湧き出る。さらに言えることは、進化の過程にあって、このような効果的な反応をしない女性というのは、子どもにとっての哺乳瓶として役に立たないことがはっきりするだろう、という点である。この無能さは、それ自体が遺伝に基づいており、赤ん坊が十分な乳をもらえず、よって母親の遺伝子を次世代に伝えることがないため、死に絶えることになる。さてそうなると、この進化論的な説明が還元主義の説明として最も優れた記述であり、またこのような還元主義が他の説明よりも根本的かつ強力な説明を意味するとすれば、それはどうしてなのだろうか。これよりも還元の度合いの少ない、行動についてのそれ以外の説明はどうなってしまうのか。こうした説明はそれではどのような地位にあるのか。次の節ではこれらの問題について考えていく。

心理学にとっての意義

先ほど立てた問題に戻って、道徳的・情緒的・感傷的な答えを避けるべきだという提案をしたのは、正確にはどういう意味だろうか。これはつまり、進化論に基礎を置いた議論は、成功した行動がその動物の生存と繁殖と遺伝子の拡散を保証するという考え方だけに注意を向ける、ということに他ならない。この目的にとって役に立たない行動はどれも、論理的に言って消滅することになるだろう。そこで、論理的な帰結としては、母親がお腹を空かせた赤ん坊を自分の胸に抱えて授乳するのは、そうするように彼女が遺伝的にプログラムされているから、という以外にはない。このように、説明はきわめて単純明快である。したがって、日常的に使われているような説明を持ち出す必要はない。日常の説明は、このきわめて単純な遺伝的に制御された行動を、わざわざ念入りに言い換えたものだからである。母親の行動についての**道徳的**な説明ならば、お腹を空かせた子どもに母親が乳を与えるのは良い母親としての義務感がそうすべきだと教えているからである、ということになるだろう。同じように、**情緒的**な説明なら、母親と子どもを結びつけている愛のきずなについて語ることになる。**感傷的**な態度をとるなら、かわいらしくて無邪気なかよわい子どもを前にしたときに、私たちがどんなにせつなく感じるかをめぐって語り合うことになるだろう。

とはいえ、以上のことは、道徳的な態度や情緒的な感覚が存在しないという意味ではまったくない。また、それらが人間の研究において重要性を持たないと言っているわけでもない。言わんとしていることは、きわめて複雑に見えるものであっても実際には遺伝的なプログラムによって動いている、ということである。愛や義務や哀切などをめぐって語られていることはすべて、純粋に私たちが意識を持っているという事実の副産物である。意識を持たない生物も自分の子どもの世話という本分にきわめて忠実に取り組むが、決して義務の何たるかを知ることはない。人間の母親と同じように、生き物たちはただ単に子どもの生存を確保し、そしてこれが重要なのだが、自らの遺伝子の存続を確実にしているだけなのである。

まとめ

以上の、進化論的な視点に関する結びの節は、心理学における還元主義的な説明を取り巻く問題そのものの好例である。言うまでもなく、心理学者が取り組まなければならないのは、実際に何が行動を動かしているのかについて真実を解明しようとする試みである。事実、進化論的な視点には非常に説得力があり、そこに何らかの「真実」があるのは明らかである。私たちの行動が遺伝によって動かされているという考え方に反論するのは、実のところ難しいだろう。確かに、例としてあげた母親はお腹を空かせた子どもの泣き声に対する反応を「プログラム」されている。だが、問題は、私たちが**現に**意識を持っていることである。上の例では、母親が子どもに抱く愛情は意識の単なる副産物として片付けられているように見えるが、とはいえ、これは非常に重要な副産物なのである。要点はこうである。愛、同情、義務感、怒り、絶望といった感情こそが、実際に私たちを人間たらしめているものそのものではないのか。そして、人間を研究すること、人間であることにまつわるすべてを研究することが、心理学の本来の目標ではないのか。

さて、還元主義の説明はこの還元という単語が示唆する通りのことをする。つまり、説明の対象が何であれ、それをその構成要素まで引き下げるのであり、この還元の作業に伴って、どうやら大事な「現実」を見失うおそれがある。簡単な比喩でこの点をわかりやすく説明してみよう。あなたがいま腰掛けている椅子、あるいは現在読んでいるそのページを還元主義的に説明したいのなら、椅子やページを構成している物質の原子によって説明すればよい。しかし、原子について語るような説明は、「より高次の」水準、つまり椅子や書物という**観念**について、もはや語っていないのである。

次の章では、心身問題の還元主義的な説明と関連したいくつかの問題について、詳細に例をあげていくことにする。

読書案内

Jarvis, M.（2000）*Theoretical Approaches in Psychology*, London: Routledge. 第8章と9章に、行動への遺伝的・生物学的な影響について明快な説明がある。『心理学の論争』と同じシリーズである。

Ridley, M.（1994）*The Red Queen*, London: Penguin Books.（『赤の女王――性とヒトの進化』長谷川真理子訳（1995）翔泳社）行動に及ぼす遺伝的要因の影響について、わかりやすく説明されている。

第4章 還元主義と心身問題

◆心身問題とは何か

この章では、還元主義が心理学の根本問題にどう適用されるのかを詳しく解説していく。ここで説明するのは、心と身体の間に存在するだろうと考えられる関係に関して、心理学者と哲学者がとっているさまざまな立場についてである。この問題が依然として続いている理由をいくつか示すことにする。心の還元主義的な見方に対する賛否の主要な議論を見ていこう。言うまでもなく、この文脈での還元主義が意味しているのは、思考、感覚、観念、感情、意思決定、情動といったすべてが、最終的には物質の過程として説明されるだろうということである。つまり、心理学はすべて、少なくとも原理的には、生物学と物理学に還元できる。心と呼ばれるものは、私たちの語彙のなかで漠然と定義された一つの単語に過ぎず、そしてこれが相変わらずなのは、主に以下の三つの理由による。

(a)「心」という観念が残っているのは、単に事物についての私たちの語り方が間違っているからにすぎない。

(b)「心」という単語がもっぱら使われるのは、生物学の水準で進行していることについて、私たちが現在持っている知識の空白を埋める必要があるときである。原理的には、いずれ私たちは基礎としての生理学的要因を完璧に理解するだろう。そうした知識を手にした暁には、空白はなくなり、もはや心とやらを持ち出す必要はなくなるだろう。

(c)心という概念をめぐる見解や立場のなかには、形而上学的な水準で心が存在するという主張もある。これは要するに、心はどうやら物質の世界とは別のところに、あるいはそれを超えたところにあるという意味である。心は物質的な「もの」ではないというのが本当に正しいとすれば、当然、物質の世界と同じ方法では研究できないのだから、心は幽霊のような性質を帯びることになる。

まず初めに重要なのは、心身問題を議論するとき、身体という語には脳が含まれるのを念頭に置くことである。そのため、この問題の議論では、心理学者と哲学者は心身問題を指しながら、心脳問題という表現を使うこともある。

心身問題についてのさまざまな立場

二元論

二元論の主要な立場とは、心は物質ではないという主張である。二元論の立場では、心と身体を因果的に関連するものと見なすことが多い。言うまでもなく、これは特定の哲学上の問題を引き起こす。脳は物質的な性質のものであり、必然的に特定の場所に位置している。しかし、**心**は非物質的であり、形而上学的な概念である。したがって、定義上、心は場所を持たない非物質的なものである。では、どのようにして、心と身体は互いに影響しあうことができるのだろうか。心が物体に作用したり、あるいはその逆が可能なのはどうしてなのか。さらに、心と身体が因果的に作用しあうとすれば、それはいったいどこで生じるものなのか。実際のところ形而上学的な実体というのはこの世界のものではないとすると、どうやって心と身体は相互に影響を及ぼすことができるのだろうか。次の議論では、相互作用説と随伴現象説という、二つのタイプの二元論について述べる。

（a）相互作用説

この立場では、心と身体の間に双方向の因果的な関係が働いていると考える。心は身体に影響を与えることができ、身体は心に影響を与えることができる。

身体的出来事
↑↓
心的出来事

日常の会話のなかで、私たちは心と身体について語る。事実、心についての言い方は身体との何らかのつながりを意味することが多く、またその逆のことも多い。たとえば、ＬＳＤは精神変容薬と呼ばれる。これは、この薬物が身体のなかに物質的に存在することによって、人間の心に変化が生じるという意味である。身体の内部の物質的な条件を変えることで、その結果として心の働き方に変化が生じる。同じように、脳梁——左右の半球をつないでいる部位——に損傷のある人間には、人間に限らず「下等」動物でも、しばしば「二つの心」があるように見えることがある（Sperry, 1961 and 1964）。こうした損傷が生じると、脳の両方の半球がそれぞれ独立して活動するらしいので、二つの心があるように見えるのである。また、大脳皮質の特定部位を電気的に刺激すると、感覚や記憶などの特定の「心的事象」が生じる（Penfield and Rasmussen, 1950）。

日常会話には、心身のこの因果的な関係が、一方向だけではなく、両方向にあるとする主張が数多く見られるだろう。心が人間の身体に何らかの物質的事象を引き起こすことがあるという意味の話し方をすることは多い。たとえば、ある人が最終的に何かについて**心を固めた**（made up their mind）というような言い方があり、まさにそれが原因となってその人は特定の物理的な行為を遂行する。例をあげれば、コーヒーをおかわりする、コインを投げて「裏」ではなく「表」と言う、バスに乗らずに自分で運転して仕事に行く、ついに論文の執筆に取りかかる、などである。心が物質に影響を及ぼすことを意味する例は、他にもたくさんある。実際、私たちは物質に力を及ぼす心について語っているのである。これはたとえば、心の正しい状態が身体に現実の効果を及ぼしうることを意味する。癌などの病気に打ち克つ患者の決意について語ったりするのが、その一例である。母親が、切羽詰まった心の状態のために、車を持ち上げるほどのエネルギーと身体的な能力を発揮して、下に巻き込まれた子どもを救い出した、といった説明もある。心身症の疾患は、心の状態が非常に現実的な、はっきりとした身体上の健康問題を引き起こすことを示している。フットボールの監督は選手を激励し、試合中に良いプレイをするために必要な、適切な心の態度を持たせようとするだろう。

ここでの主要な考え方は、心と身体という別個のものが二つがあり、両者が以上に述べたようなやり方で互いに影響しあう、というものである。しかし、正確にはどのようにして物理的な身体が心という形而上学的な実体と相互に作用しあうことができるのかは、心身問題のこの立場にとって真の問題として残っている。

向だけである。

（b） 随伴現象説

以上の例はすべて、身体と心が因果的に関係しているという主張である。これに対して随伴現象説の主張では、心と呼ばれるものはその**起源**を物質的なものに還元できる、少なくとも心は、脳のなかの物質的な出来事の一方向的な産物であるという意味で還元可能である。この場合、因果関係が働くのは一つの方向だけである。

身体的出来事 → 心的出来事

随伴現象とは、ある現象に付随し、その現象に直接引き起こされた二次的な現象と定義できる。したがって、心身問題に関して随伴現象説の立場をとるということは、心と呼ばれるものは、脳とは別のものだが、脳から産まれた何かであると主張することである。心とは、脳の物質的な過程に付加して、あるいは付随して存在する現象である。心はこうした過程によって生じる。

随伴現象説によれば、心の体験や過程は物質的な過程の副産物であり、それ自体は原因にならないものと見なされる。ここでは、物質的な過程だけが因果的な力を持つと考えられているのである。この立場は、私たちが日常の会話のなかで心と身体の間の関係を語るやり方とはかなり違う。先ほどの例のいくつかは、心が身体に対して因果的に作用しうるという私たちの常識的な信念を、間違いなく反映しているのである。

随伴現象説は、やはり物質的な事象と心的な事象という二つの別個のものがあるとはいえ、心的な状態の起源は物質的なもののなかに因果的に位置づけられるとする、還元主義の一類型として見ることができる。心という別個の実体がもともと存在しているわけではない。心は身体によって、より正確には脳によって、作られたのである。思考がどのようにして存在するようになったのかを説明するのに、物体から遊離して神秘的な生を与えるような、心や霊や生命力やらを持ち出す必要はない。思考は単に、脳という物質的な過程の産物なのである。ちょうど消化が胃のなかを通じて実現するのと同じように、心的な事象は脳のなかを通じて実現される。実際、これについて、ジョン・サールは非常におもしろい問いかけをしている。

> たとえば「消化‐胃問題」などはないのに、何世紀が経っても、依然として心理学と哲学には「心‐身問題」があるのはどうしてだろう。心が、その他の生物学的な現象よりも謎めいて見えるのはなぜだろう。（Searle, 1991, p.14）

一元論

定義上、二元論の立場とは、心と身体という二つのものが存在することを意味する。そして、この二つの別個のものが因果的に関係して存在するというのが本当だとするならば、問題の焦点は、この因果的な関係がどのように実現しているのかの検討に向けられる。心身問題についての一元論の立場はとりわけ還元主義的であると考えられるが、こうした心と身体の因果的な関係の検討自体を、そもそも初めから不必要に錯綜をきわめた論争であると提案する。さて、一元論の立場の主張では、実際に存在するのは一つのものだけである。言うまでもなく、この立場は、心だけが存在すると提案するか、身体の物質的な過程だけが存在すると提案するか、そのどちらかである。これら二つの立場は、それぞれ（a）観念論、（b）唯物論、として知られている。

（a）観念論

観念論は、心という一つのものだけが存在すると主張する点で、還元主義であると考えられる。観念論によれば、心的な現象だけが存在する。宇宙全体で存在しているのは純粋に心だけである。ここで最初に断っておくと、この立場は心理学や哲学の間で特に一般的というわけではない。しかし、ある種の示唆に富んだ考え方を示している。

哲学者のカントは有名な謎を提出した。それは「物音を聞く者が誰もいない森のなかで木が倒れたとして、それでも木が倒れる音はするのだろうか」というものである。

この問題についてきちんと考えるなら、くだらないように見えて、実はそうではない。最初の常識的な反応は、「もちろん音はする。それを聞く人がいないだけだ」というものである。しかし「音がする」という表現は、実際には何を意味しているのだろうか。何かが音をたてるという場合、これは必然的に、誰かが音に気づいたので音がするという意味合いになる。もし、木が音を立てようと「望む」なら、誰かが実際にそこにいて木が倒れるのを聞く必要がある。木自体には音を聞く力がないと仮定すると、聞く人がそこにいない場合、物音と呼ばれる「もの」は、実際どこに存在するのだろうか。

さて、観念論の主張では、世界のなかで私たちが唯一直接的に知っているものは、自分自身の心である。この事実は否定できない。というのは、世界のそれ以外の知識は、ことごとく間接的な知識だからである。上記の謎は、世界が実際にどうなっているかという問題と、実は関係がある。

ここでもやはり、この最後の言い方への自然な反応は、「もちろん世界が実際にどうなっているかは知っている。私は五感を通じて世界を経験しているではないか。世界は私が経験している通りだ」というものだろう。だが、この主張は常に正しいのだろうか。カントなら、私たちが知っているこの「世界」が実際にそこにあるわけではない、と主張するだろう。少なくとも、私たちが知っている通りの世界ではない。この世界を直接知ることは決してなく、むしろ「私たちの五感というフィルターを通して」いるのである。カントの謎に戻ると、もし聴覚のようなものが存在しなければ、絶対に何も聞こえることはない。したがって論理的には、聴覚がなければ、決して何ものも物音を立てることはできないのである。ゆえに、聞く人が誰もいなければ、当然、木が音を立てることもないだろう。

観念論によれば、心的な現象だけが現実のものであり、知ることのできるものである。世界に心的な「実在」以外の何かがあるとしたら、その世界の残りの部分はどこにあるのだろうか。また、その部分はどうなっているのだろうか。観念論によれば、本当に存在しているとわかっているのは、心だけなのである。

カントの［五感の現象をそのまま実在すると見なすのでなく、批判的に反省するという意味での――訳注］現象学的な考え方は、客観的な科学が可能であるとするあらゆる主張に対して重要な意味合いを持っている。現象学の考え方によれば、感覚データに「実在の世界」に「迫る」という点で制約や弱点があるとすると、科学それ自体も、感覚データの解釈に頼っている以上、論理的に言って同じような欠陥を免れないことになるのである。

(b) 唯物論

物理主義と呼ばれることもあるが、この立場はその名が示す通り、観念論とは正反対の主張をする。ただ、この場合もやはり、二つのものが片方の一つに還元される。心と身体がどのように相互に作用するかに関しては、ここでは問題にならない。というのは、ここでは心は物質的な過程に還元できると考えられているからである。ここでは、心的な事象とは物質的な事象である。あるいは他の言い方をすれば、そもそも私たちが心的な事象について語ってしまうのは、脳の物質的な過程とは別にそのような実体が存在すると、誤って信じ込んでいるからにすぎない。還元主義の態度によれば、当然、探求の対象となるのは伝統的にそう思われていたような複雑なものではない。相互作用説が提案するような二元論の視点の場合、心と身体がどこでどのように互いに因果的な影響を及ぼすのかをめぐって、どうしても複雑怪奇な議論に進まざるをえない、と言ってよい。唯物論の立場なら、このような複雑怪奇さは端的に、心という概念そのものがもともと間違っているからである、と主張するだろう。心という単語は、言語上の人工物、あるいは創作物以外の何ものでもない。言い換えれば、心は実在ではなく、構成概念なのである。

精神医学は、もともと医療に基礎を置いており、伝統的に唯物論的なアプローチをとる傾向がある。したがってたとえば、統合失調症と関連した混乱した精神状態にある人を助けようとするには、精神安定剤のような薬物を使用することになる。同様に、躁うつ病あるいは最近の言い方をすれば双極性障害は、一般的には患者の体内のリチウム濃度を調整することで治療が行なわれている。この場合の論理とは、この種の物質的な介入によって物質的な過程に影響を与えることで、患者の精神状態の変化が実現する、という単純なものである。

スペリーの論文（Sperry, 1984）は、脳の左右の半球を外科的に切り離し、それぞれが独立して機能するように脳をうまく分割したとき、どのような効果が生じ、それが何を意味するのかを検討している。（この手術は重篤なてんかんを抑制するために行なわれる。）もし、唯物論の立場が主張するように心が脳の過程と等しいのであれば、この「分割脳」の患者は二つの独立した心を持つことになるのではないか。実際、スペリーの論文に詳しく述べられている研究によれば、事実こうした患者たちは文字通り「二つの心がある」かのように振る舞うという。あるいは、唯物論的に言えば、二人の別の「人物」が「二つの脳」に宿っているということだろう。


唯物論は何を意味するのか。思考に自分自身を考えさせる

第2章の自由意志の検討では、ボトムアップとトップダウンの因果について論じた。考え方として重要なのは、何かをしようという決心について私たちが語るときに、意志を持つという何か別個のものがあるかのように感じるということである。たとえば、私は右腕を上げようとか、本を読もうと決めたりするだろうが、問題の核心は、たいていは心と呼ばれるような何かが存在していて、あたかもその心が、こうしたことをするのを「ためらう」とか「決める」かのように感じられるという点である。だが、これは錯覚であり、それが錯覚なのは要するに、私たちのどんな決心も、どんな思考も、それ自体が物質的な過程に他ならないからである。形而上学的な心の概念を持ち出すのは、意味もなくものごとを複雑怪奇にするだけである。「私たちの思考や感情が、どういうわけか私たちの脳とその他の神経システムに化学的な効果をもたらすことがあると考えるべきなのか。こうしたことがどのようにして生じうるのだろうか。私たちの思考が、神経細胞の軸索を取り囲んだり、樹状突起を刺激したり、細胞壁の内側に忍び込んで細胞核を破壊したりできると考えなければならないのだろうか」(Searle, 1991, p.17)。

還元主義の原理と実際

行動主義は心身問題を解決するというより、解消してしまう傾向があった。行動主義者が心を無視したのは、心が公共的な観察に向かなかったからである。問題はきちんと取り組まれたのではなく、棚上げにされた。他方、唯物論はこの問題に真正面から向き合い、次のように主張する。心はせいぜいのところ社会的な言葉にすぎず、それが使われるのは、私たちがこの人間の身体で**ある**ということをどう感じるか、物質的な過程を有したこの身体の**なかにいる**こと、あるいは端的にその身体で**あること**をどう感じるかについて語るときである。こうした物質的な過程には、脳や脳のなかの過程もある。心と呼ばれるものに関しては唯物論が正しいとすれば、機械は原理的に心を持つことができるのか、あるいは機械は考えることができるのかという伝統的な問いに対して、はっきりと「イエス」という答えが返ってくることになるだろう。機械は実際のところ、すでに考えているのだと主張することもできるだろう。チェスをする機械が立派にゲームをしているとき、考えているのでなければ何をしているというのか。さらに言えば、周知のように、チェスの機械はきわめつけに素晴らしいゲームをするのである。唯物論は心的な事象を物質的な過程へと還元する。したがって原理的には、これは、脳の物質的な過程と機能的に同等なものを機械という形で創造できるかどうかの問題にすぎなくなる。機械と脳の大きな違いは、脳が有機物でできており、機械が無機物でできているというだけである。こうして、考えるということから神秘的な性質が消える。「考える」とは一連の物質的な過程であり、それ以上でもそれ以下でもない。「考える」という語の場合と同じように「信念」という語についても、こうした物質的な過程という以上に神秘的なところはないと見なすことができる。

……「人工知能」という用語の発案者であるマッカーシーはこう言っている……「サーモスタットのような単純な機械でさえ、信念を持っているといってよい。……私のサーモスタットには三つの信念がある。すなわち、ここは暑すぎる、ここは寒すぎる、そして、ここはちょうど良い、である」。
（Searle, 1991, p.30）

考えるという語もそうだが、まったくもってこれは信念という語をどう定義するかにかかっている。窓を打つある種の音が聞こえるので私は雨が降っていると信じるとすれば、この場合の信念の意味は、世界の向こう側の何かと関連したある種の表象が私の頭のなかにあるということである。この信念が正しいかどうかは、また別の問題である。実際は雨はまったく降っていないかもしれない。音がしていたのは、何か別のものが窓に当たっていたせいということもありえる。信念を持つというのは一つの心的な事象であり、心的な事象とは、その過程そのものとは別の何かについての物質的な過程のことである。この「～について（aboutness）」のことを、哲学者は**志向性**（intentionality）と呼んでいる。マッカーシーのサーモスタットにも同じようにこの「～について」がある。実際、きちんと機能しているサーモスタットは、外部の出来事とどう関係するかという点に関して、ある特定の物質的な過程を通っていくだろう。したがって、正しく作動しているサーモスタットは外の世界について、ある種の正確な信念を持っていると言えるだろう。

二人がともに外は雨だと信じているとき、何がこの二人に共通しているのか

前の節では過程としての心的な事象の検討を試みた。とりわけ中心となるのは、考えるとか信念を持つといった心的な過程は、要するにそれらはすべてある種の物質的な過程を意味しているのだから、原理的には機械のなかで再現できる、という考え方である。心のような神秘的なものを持ち込む必要はないので

ある。

ところが、実際問題として、脳の過程の場合に還元主義の企てを取り巻く主要な問題は、同じ心的な過程がさまざまな異なった構造のなかで実現されうるということである。言い換えると、機能として同等のものを実現するのに、脳のなかの神経細胞の物質的な結合等のあり方はいろいろなのである。そうした結合のあり方は、人によって異なることがあるし、実のところ、同じ一人の個人でも時間が違えば異なることがある。あるいは別の言い方をすると、あなたと私がともに外は雨だと信じている場合、頭のなかにある物質的な過程や構造という点で、私たちの何が共通しているのだろうか。私の頭のなかで進行していることとあなたの頭のなかで進行していることはまったく違うかもしれないが、にもかかわらず、雨が降っているかどうかについての私たちの信念は同じかもしれないのである。

心身問題が存在する理由

臨床心理学における心の混乱した地位の経緯

心の実在性に関する議論が、なぜ臨床の分野で盛んなのかは容易に理解できる。心の病について語るのは非常に簡単だが、これが実際に何を意味するのかを考えてみよう。もし、心が非物質的な別個の実体だとするど、どうしたら心が身体と同じように病気になったりできるのだろうか。「病気」の心について語るのは、確かにカテゴリー錯誤の一種である。実際に心を身体に、もっぱら脳に還元できるのでない限り、この種の呼び方にはほとんど意味がない。心は、病気になることもありえるような特殊な事物のカテゴリーに属するかのように論じられている。そして、わざと比喩的に（あるいは比較として）語るのでない限り、病気や不健康が生じることがあるのは生物学的な実体であり、心のような非物質的な実体ではない。この不健康というモデルが、心理的な問題を抱えた人々をケアする人たちによって最初に考え出された理由には、「戦術的な錯誤」と呼べるような経緯があった。

戦術的な錯誤と心の病気

この戦術的な錯誤という考え方が示しているのは、精神科医たちは、心理的な問題がすべて身体の病気の結果であると本当に信じているわけでは必ずしもなかった、ということである。言い換えると、彼らは特に（あるいは常に）心的状態の物質への還元主義を信じているわけではなかった。彼らが信じていたのは、情緒的・心理的な障害を抱えた人々に対して可能な限り最良の治療を保証するために、政治的な戦術を用いなければならないということだった。そこで、精神障害者への人道的な配慮が保証されるように、言い換えれば、はっきりした身体的な病気や障害を持つ患者と同じような扱いを受けられるように、わざと身体的な病気にたとえることが行なわれたのである。コクラン（Cochrane, 1983）は、精神医学におけるこの本質的に還元主義的なアプローチの歴史的な根拠を、次のように説明する。

「病気」というアナロジーの使用、あるいはもっと一般的に、心理的・行動的な問題の医療化には……いくつかの理由があるが、それらはすべて歴史的な文脈のなかで理解できる。まず第一に、直面した問題への対処という点で、身体医学が誰の目にも明らかな成功をおさめていたということがある。心理的な問題に対処する人々が医療従事者としての地位や実効性を欲したということもおそらくあっただろう。第二に、現にある種の心的な状態には身体的な基礎があるという事実、特に、麻痺性痴呆はずっと以前に感染した梅毒の結果であるという事実が発見されたことである。ここから、もっと広く、心のあらゆる病気の基礎として生物学的な原因が突き止められるだろうという想定が導かれた。第三に、心理的な問題を抱えている人々が身体の病気に与えられていた特別な地位や寛容のようなものを得ることで……精神障害への処遇が改善されることを、多くの精神科医が望んだのは間違いなかった。(pp.145-146)

ものごとについての語り方という経緯

心身問題と日常会話

英国でもどこでも、大学の心理学部の多くの大学人は、統制された実験室の設定のなかで実験をして量的なデータを作成することにそれほど関心を持っているわけではなく、むしろ文章や会話という形の、より質的な資料の検討に関心を持っている。日常の文脈にせよ、心理学者が研究のために実施する形式の定まった面接にせよ、人々が実際に言ったり書いたりしたものをそのままデータとするのが、現在の一つの動向である。歴史上のさまざまな時点で書かれた文書を調べることで、それぞれの時代の人々のものごとに対する感じ方や考え方について有益な情報が得られることもある。次に紹介するのは、「心」という観念がどのように語られ、どのように書かれていたかを示す例である。

シェイクスピアの戯曲のなかで、ハムレットは恋人のオフィーリアに手紙を書く。その手紙の最後を彼は永遠の愛の誓いで結び、こう書いている。「それでは。永遠にあなたのものです、最愛の貴婦人よ、この機械（machine）がこのハムレットにある限り」

この例の特に意義深いところは、シェイクスピアが書かれた時代に文化的に保持されていた態度や信念を、この文が明らかにしていると主張できる点である。人々のものごとについての語り方を調べるだけでも、非常に有益な情報が得られる。恋人への手紙をこのように結んでいることから、ハムレットが採用しているのは心身問題に関する二元論的態度と呼ばれるものだと言ってよい。彼の書き方をきっちりと調べてみよう。まず、ハムレットが自分の身体のことを機械論的な実体、つまり機械として語っているのがわかる。では、その「機械」を所有している「彼」とは何なのか、あるいは誰なのか。機械のなかに一種の幽霊のようなものが宿っているのだろうか。ここで考えられているのは二元性なのだろうか。つまり、機械すなわち身体とその身体に宿っている人格や心や魂という、二つの別個のものがあるのだろうか。ここでは、身体は、それとは別のものが宿っている臨時の生物学的な棲み家のように語られているのである。

私たちの語彙にあるものなら、必ず存在するのか

心や魂という相当にあやふやな概念はたいていの言語の語彙のなかにあり、依然として使われ続けている。例として、彼は良い（鋭い／優れた働きの）精神を持っている（Er hat einen regen Geist.）というドイツ語の表現を考えてみよう。この精神（Geist）という単語が文字通りに訳せば「幽霊」あるいは「霊魂」になることに注意したい。さて、言語のなかで、ものごとがあたかも現実に存在しているかのように語られるという事情は理解しがたいことではない。だが、語られているからといって、それらが現実に存在することになるだろうか。要するに、私たちはテーブルや椅子やロサンゼルスやアルプスについて語ることができる。ところが、雪男とか、庭のはずれに棲みついた妖精たちについても、語ることができるのである。私たちが「グッドバイ」という語を使うとき、実は「神があなたのそばにおられますように（God be with you.）」の省略形を言っている。したがって、誰かとの別れ際にこれを言う場合、確かにそうしたことを願っているわけである。そして、もう二度と会えないことがわかっている人、たとえば亡くなった人に別れを告げるときには「さようなら（Adieu）」という語を使う。この言葉の文字通りの意味は、「神まで」すなわち「私たちが死後、ともに神の前に立つまで」である。

もちろん、ここでの要点は、考え方が時代遅れになっても言葉が生き残ることはあるということである。個人的に神を信じているかどうかとは別に、信仰のある者もない者も同じように言語を使い、そこにはこの言葉が残っている。私たちのなかの最も熱烈な無神論者であっても、友人との別れ際には「グッドバイ」という語を使うし、音楽家や作家の天賦の才（god-given skills）について考えたり語ったりする。同様に、

英語の「九つの生を持つ」［九死に一生を得る］に相当するフランス語の表現は、「あなたの魂をあなたの身体にがっちりと固定する」という言い方をする。どちらの表現も、誰かが命からがらの状況でようやく逃げてきたのを語るときに使う。フランス語の表現は、特に古風な趣きがあっておもしろいと言えそうだが、やはり、これを使う多くのフランス人は、本当に魂や心が身体に宿っているとは必ずしも信じていないのである。

心身問題と人工知能

ところで、先ほどの『ハムレット』からの引用に、身体に対する機械論的な見方が認められるのは興味深い。実はこれは、今日の人工知能の分野で仕事をしている多くの心理学者が、思考は機械のなかで再現できると主張しているのとそれほど大きな違いはないのである。たいていの場合、この主張の根本には、人間はたまたま思考を産み出しただけの複雑な機械にすぎないのだから、人工知能は原理的に可能である、という信念がある。この言い方は（この章の前の方で論じた）随伴現象説と呼ばれる心身問題に関する特定の態度の一例と見なせるだろう。これは、心的な状態は非物質的ではあるが、脳の副産物として確かに実在する、という信念を指している。

日常言語の中での心の考え方

日常の話し方に関しては、心身問題が依然として存在することを考えるうえで、どのような手がかりが与えられるだろうか。少なくとも私たちは、心と身体という別々でありながらどうやら関係している二つのものを考えて、それについて語っている。死んだ人たちについてはどのような語り方をするだろうか。スミス氏を霊安室に運ぶ、とは言わない。運ばれるのはスミス氏の**遺体**である。このような言い方は、身体の持ち主だったスミス氏がもうそこから離れたことを示している。私たちは友人のことを、魅力的な身体を持っているとか良い体格をしていると言うことがある。あなたが誰かに対して、君は魅力的な身体だと思うと言ったりしたら、これは妙なことになるだろう。こういう言い方はナイトクラブで異性を口説くには最悪ということになるかもしれない。というのはこれは、まるでその人が身体以外の何ものでもなく、その身体には人格や魂や精神などが宿っていないかのような、他者に対する無礼な還元主義的見方を意味するからである。さらに言えば、人々は身体だけを褒められたり愛されたりはしたくないものだが、では、その身体を所有し、その身体に宿っているのは、何なのか、あるいは誰なのか。おそらく、この点こそが、私たちが人格や魂や精神や心といった単語に頼らざるをえないと感じるところなのだろう。誰かのことを魅力的だと言うことはあるかもしれないが、これはその身体に宿っている人格全体を描写するのにその形容詞一つしか使えないということではない。同じ人物に対して、気前が良いとか親切であるとか善良であるといった、別の形容詞をあてはめることもできる。つまり、人物あるいは人格の全体を描写する形容詞がいろいろ使われるということである。

　言うまでもなく、心身問題を取り巻く中心的な問題は、身体が物質的であり、それゆえ科学的あるいは客観的な探求によって接近可能であるのに対して、心は本来が形而上学的な性質のものであり、幻のようで、隠れていて、主観的に体験されるものだということである。確かに、この主観性こそは、「心」という概念をこれほどまでに問題の多いものにしている主要な要素の一つなのである。

心についての知識を持つこと——自分自身の心と他者の心

身体は物質的なものである。言うなれば、公共的に利用可能なものである。身体は、触れることができ、その周囲を回ることができ、測定ができ、そしてもちろん語ることができるものである。ところが、心の方はというと、実際のところ私たちはそれについて語ることしかできない。心を特定の物理的な場所へと還元することは、実にやっかいな問題である。身体がすべて誰に対しても公共的に利用可能であるのに対し、心の場合には、個々の心それ自身の私的な接近があるだけである。私は私の心や思考その他に対して、私だけができるやり方で、接近することができる。私は他の人の心に決してじかには接近できない。これが「他者の心の問題」と呼ばれているものである。心の私的な性質そのものに関するこの問題を正しく評価することは、なぜ心身問題が心理学の研究において手強い（あるいは頑固な）難題のように見えるのかを正確に理解するために、決定的に重要である。

私が直接知りえるのは自分自身の思考だけである。あなたが考えているかもしれないことをあなたの行動から推測することはできるが、私にはあなた自身がするようにあなたの思考に接近することは絶対にできない。同じように、私はあなたの悲鳴などからあなたが痛みを感じているのを間接的に知ることができるが、あなたが感じているような生々しい直接的なやり方であなたの痛みを知ることはできない。そして、あなたは私の痛みを決して知りえないだろう。

人が見ることのできる心的な生活についてはどうだろうか。どんな視点をとるにせよ、これが難しい問題であるのは、一つには見えるということが何を意味するかが問題になるためであり、また一つには、見られる出来事が私的であるためである。私秘性という事実についてはもちろん疑いの余地はない。各人は自分自身の皮膚の内側に閉じ込められた宇宙の小部分と特殊な接触をしている。……二人の人物が、ある意味で、同じ光を見ていたり同じ音を聞いていると言われることはあるかもしれないが、この二人が同じ胆管の膨張を感じたり同じ筋挫傷を感じたりすることはありえない。（科学の測定機器によって私秘性が侵されると、刺激の形式に変化が生じる。科学者が読み取った目盛りは、私的な事象そのものではない。）（Skinner, in Wann, 1964, p.82）

心への客観的な接近の不可能性

さて、内的な体験や出来事は定義上、私的である。これらの出来事を「侵す」試みであっても、それは特定の私的な体験と結びついた生理学的な事象に「たどり着く」だけであり、体験そのものではない。この引用の最後のところで、スキナーが指摘しているのは、脳のなかで進行していることを観察しようとする活動それ自体が、観察されるものそのものを実際に変化させるということである。この最後の点は、あらゆる科学の営為にあてはまる非常に重要な哲学上の問題である。物理学にせよ、生物学にせよ、心理学にせよ、あるいはどんな学問分野にせよ、観察者は常に観察されるものの一部分になっている。その意味で、真の客観性というのは常に一つの理想なのであって、科学者にとって達成可能な目標ではない。簡単な例で言うと、水の温度を測るために温度計を使うと、その温度計自体の温度が、程度の差はあれ、水温そのものを上げるか下げるかするだろうということである。これと同じ事情で、心理学の研究者は、実験者の存在そのものが対象となる被験者の行動を変化させ、行動に影響を与える可能性があることを、常に自覚していなければならない。だから、仮にもし、他者の体験や思考のなかに入り込むことが技術的に可能だったとしても、それは研究者がいわば一歩距離を縮めたというだけのことにすぎない。その体験や思考は、観察されるという作用それ自体によって変化していることだろう。

とはいえ、生物心理学者は脳を研究し、またその研究のためのさまざまな方法を手にしている。たとえばEEG（脳電図）は頭蓋の外から多数の神経細胞の活動を記録するために使われる。これは主として、脳の状態と意識状態や睡眠段階との相関関係の研究に用いられる。微小電極法では個々の神経細胞の活動を記録することが可能である。たとえば、ヒューベルとウィーゼル（Hubel and Wiesel, 1959）はこの手法を使って、ネコとサルの視覚システムの階層的な配列についての「地図」を作成することに成功している。（二人は、視覚システムには「単純」「複雑」「超複雑」と名づけられた三種類の細胞があり、このそれぞれが複雑さの程度が異なる特定の視覚刺激に対して選択的に発火することを発見した。）だが、ここで指摘できるのは、研究者は単に生物の視覚体験と結びついた神経細胞の物質的な出来事を観察しているにすぎないという点である。体験そのものが私的であることに変わりはなく、実際にそれを体験している生物以外は、誰も直接には知ることができない。このように、研究者は、ネコやサルが体験している見るという私的な体験そのものを、決して観察することができないのである。

◆――まとめ

この章では心身問題をめぐる主要な立場を概観してきた。心理学における還元主義をめぐる論争という点では、ここで示した題材は「心」を物質的な過程として説明しようとしたときに生じるさまざまな問題の実例となっているだろう。この章で指摘したように、唯物論の立場をとる者の考えでは「心的事象」と呼ばれるものは実際には脳のなかの物質的な過程である。唯物論者にとって、語るべきものは物質だけである。もちろん、問題なのは、このような方向の主張が多くの心理学者にとっては心身問題の解決ではなく、解消につながるということである。私たちが心について語るとき、私たちは、誰もがきわめて私的なやり方で体験している、ある「現実」について語っているのである。ほとんどの人にとっては、そもそも「心」の観念は物質的な何かについての観念ではまったくない。したがって、「心」を単なる物質的な何かに還元できるとする考え方は、そもそもの出発点で、基本的な誤りを犯していることになる。

読書案内

Searl, J.（1991）*Minds, Brains & Science*, London: Penguin.（『心・脳・科学』ジョン・サール／土屋俊訳、岩波書店、１９９３）第1章「心身問題」。

Nagel, T.（1987）*What Does it All Mean? A Very Short Introduction to Philosophy*, Oxford: Oxford University Press.（『哲学ってどんなこと？――とっても短い哲学入門』トマス・ネーゲル／岡本裕一朗・若松良樹共訳、昭和堂、１９９３）第4章「心身問題」。

Hospers, J.（1990）*An Introduction to Philosophical Analysis*, 3rd edn, London: Routledge.（『分析哲学入門１～５』斎藤哲郎監修（1971）法政大学出版局）第6章「心と身体」。

第5章　心理学は科学になりえるか

◆科学とは正確には何であるのか

科学とは……体系化された知識の一部門であって……体系的に研究されたり学習されたりするもの（たとえば技能とか専門技術）であり、……無知とか間違った考えとは相反するもの……としての、知識の所有である。（『ロングマン英語辞典』1984）

心理学者は体系化された知識を創造しようと試みたが、それは必然的に、人間の行動と経験についての一貫性と普遍性を発見しようとする努力と結びついている。これは当然、「**もし…ならば…であろう**（if… then…）」という言葉を含む叙述（言明）を必要とすることになる。

たとえば、**もし**身体的な魅力のある人物が就職の面接を受けるならば、概してその人物は魅力的でない候補者に比べより肯定的な資質を持っていると感じられてしまう**であろう**。これは「ハロー効果（光背効果）」として知られているものである。**もし**ある患者が躁うつ病を病んでいるならば、概してその患者の血液中のリチウムのレベルが異常であることが発見される**であろう**。**もし**ラットが棒を押すことによって報酬として食べ物を与えられるが、その報酬は毎回ではなくいろいろな間隔でしか与えられないならば、棒を押すたびに報酬を与えられるという連続報酬の条件に比べ、報酬がまったく与えられなくなった場合に、棒を押す行動はなかなか**消去**されない**であろう**。**もし**ある人が脳卒中で倒れて言語能力を失えば、脳卒中は脳皮質の左半球に起こったの**であろう**。……といった具合である。

言い換えれば、科学によって集められる類いの知識は、一般法則を探し発見することに関わっているのである。そのような規則性についてのこの種の情報を得ることは、この世界がどのように働いているかを理解する助けとなる。また、それは予測したり管理したりする助けにもなる。たとえば、次の論理的主張は二つの**もし…ならば…であろう**の叙述を含んでいることに注目しよう。**もし**風邪をひいている人に近寄るごとに、病気にかかりやすくなる**であろう**ということに、**もし**気づくならば、将来、私たちは、風邪をひいた人のそばに近づくことを避けようとする**であろう**。

上の例を見れば、ある意味ではすべての人がある種の科学者であると言いうるだろう。単に生活をするというだけで、私たちは、次に何が起こりそうかということを予測するため、規則性や型（パターン）を見つけるよう促されるのである。この**もし…ならば…であろう**というやり方で考えたり観察したりすることは、学問的な分野で働いている科学者だけに限られたことではない。保険会社はある特定の運転者に請求する保険料の掛け金を決めるとき、全般的な傾向のパターンというものを見る。たとえば、**もし**2年の運転経験のある若い運転者であれば、概して長年の運転経験のある中年の女性より事故に遭いやすい**であろう**。もちろん例外はある。しかしながら、科学者の場合と同様に、保険会社の場合も、重要なのは一般性であって、比較的まれで、特殊なケースではないのである。

このように、科学者は一般規則を探し出そうと日々に奮闘している。純粋科学は一般規則を見つけ出すだけではなく、自然の法則をも発見してきた。言い換えれば、彼らは不変なるものを発見してきた。たとえば、光は屈折の法則に従う。すなわち光は、いつでも例外なく、ある媒体から他の媒体へと通っていくとき、予測できる角度で屈折する。水は海抜0メートルの水面では、いつでも摂氏100度で沸騰する、等々である。

◆──心理学の科学的アプローチに関して生じる論点の概観

心理学は科学になりえるか否か、あるいは科学であるべきか否かについての問題は、必然的に、この本の他のいくつかの章でもある程度まで触れられている。たとえば、行動主義について考察するとき（第7章）、そのいくつかの論点は、すでに大成功を遂げている物理学、生物学、化学といった「純粋」科学と肩を並べようとする心理学の試みと関連して述べられている。「科学（science）」という言葉自体は、「知る」という意味のラテン語の〝scire〟に直接由来している。だから、私たちが科学的方法を用いると話すとき、本来は、世界についての事柄を知る方法を用いる、ということを意味しているのである。しかしながら、ただ単に世界についての事柄を知るということだけが問題になっているのではない。ここで強調すべき重要なことは、知られていることが実際に真実であるかどうかを知るという問題である。知識の真理値、あるいは地位に関するこのタイプの考察は、認識論として知られている哲学の一分野である。行動主義者たちは、もちろん、否定することのできない真理という地位にあると主張することのできる唯一の知識は、たとえば思弁や内観によって得られるものではなく、直接的、客観的な観察による知識であると主張した。彼らは、容易に観察できる行動のみを、排他的なまでに研究の中心に置く。そのような行動というのは、原理的には同時に二人以上の観察者によってたやすく観察できる行動である必要があるということを、行動主義者たちは強調した。これは重要な論点である。このようにして心理学という学科の課題は再定義された。もはや心理学の定義は、初期の頃のような心とか思考などといった私秘的な領域は含まない。公然と観察のできる行動の領域が、心理学の正当な課題として提案された。

学術的学科として心理学をこのように再定義したことによって、必然的に、新しい専門用語の全体が生み出されることになった。他方、消えたのは心理的な言説（話し方）で、「思考」とか「動機」とか「悲しみ」とか「優柔不断」といった言葉もそうである。これらの言葉は、「強化スケジュール」とか「消去」とか「行動の先行条件（antecedent）」とか「負の強化」等の、冷たくて機械的な用語に取って代わられた。このような諸概念によって行動主義は、最終的に心理学のための**パラダイム**（理論的枠組み）を提供すると約束したのだった。科学におけるパラダイムとは、この世界についての知識を調査したり公式化したりするための、科学者によって同意された方法を意味する。したがって行動主義が宣言した研究プロジェクトとは、すべての行動を**連合学習**の枠組みのなかで説明することであった。このアプローチは、研究者の産出するデータにかなり確実なものがあったので、実際に科学的なものとして記述することができた。たとえば、このやり方なら、異なった強化計画が行動に異なった影響を与えることが観察される。そこには何か確実なものがあった。言い換えれば、実際に真実である知識を提供するような心理学に取り組む方法が、ここにはあったのである。

行動主義に関連した問題——そのために支払われた代価

言うまでもないことであるが、このアプローチの問題は、心理学の範囲についてのこの再定義では、もはや人間の心という内的な世界は含まれなくなってしまうということにあった。科学的厳密さは、心に関する問題を解決するというよりは、解消するという犠牲を払ってのみ成し遂げることができた。実際、スキナーのような極端な行動主義者の本質的に還元主義的なアプローチの機械的で科学的な正確さとは、どのように機能しているかを見るために何でも小さな部品に分解してしまうのと同じような種類の、破壊的正確さにたとえられるだろう。たとえば小さな子どもはただ機械の玩具がどのように動いているのかを発見し理解したいと思って、玩具をバラバラに分解してしまう。その部品は容易に観察でき、全体を見ることができるが、もはや理解すべき玩具は残っていない。同様に、行動主義者が人間を、条件づけられた連合という単位に還元することによって理解しようと努力すれば、その複雑な道具立てにもかかわらず、心理学者にとって理解すべき人間というものは残っておらず、必然的にあるのは部分の集合だけということになってしまうだろう。この個人を多数の部分に還元することは、しばしば「物象化（reification：抽象概念を具体的な物として見なすこと）」と言われる。この用語はラテン語の「物」を意味する〝res〟に由来している。個人を物として見る傾向、人間を客体化する傾向は、純粋科学が人間以外の自然界を研究するのと同じ冷静で客観的な方法で、人間存在を研究することができる、あるいはすべきであると主張する心理学者の努力と結びついている。この、心理学の再定義による客観化は、個人を非人格化する。これは心理学にとって重大な意味と結果とをもたらす。

真に科学的なアプローチは、普遍的な因果関係を明確にするものである。それはまさにものごとがどのように動いているのかという、仕組みを説明するものである。行動主義は、そのような説明を提供することを約束した。しかしながら行動主義に対する真の反論は、この人間の心理学の機械論版を行なうためには、心理的現実を除去するだけでなく、系統学的な段階をはるかに遡り、ラットとかハトとかいった低い段階の動物を研究することが必要になったということである。これらの動物については多くの知識が得られた。ただし、その得られた法則が実際に、人間にどのように関係にしているのかについては、多くのことが思弁に委ねられたのだった。

因果関係

第2章のテーマだった「自由意志と決定論」についての考察には、不可避的に因果関係についての考察が伴っていた。無論、科学は、どのような条件のもとで、どのような原因がどのようなことを引き起こすかを調べることによって、この世界がどのように機能しているのかという全体像を確立することを、主要な関心事としている。「純粋」科学は、他の多くの印象的な業績のなかでも特に、人間の月への着陸に大きく貢献した。それは、因果関係に関する包括的な知識にまず到達することによってのみ、達成されたのだ。ただ因果関係を理解することによってのみ、科学者は世界の事象を予測し、制御することができるのである。人間を月に上陸させ帰還させるために、科学者たちには、莫大な数の事象を予測し、制御する、ということができる必要があった。他にどのようにして、このようなことが成し遂げられたであろうか。ここでは、自由意志は幻想でしかなかった、ということが示唆されたのだった。なぜならば、すべてのものに原因があるとすれば、私たちのすべての行動、すべての思考は、何かによって引き起こされなければならない。したがって、真の自由意志などというものはありえないことになるのだから。

このような見解に立つと、（科学としての）心理学の真の目的は、まさしく何が何を引き起こしているのかということを発見することでなければならない。意志すること（willing）を行なうのは心であるとか個人の自由意志であるとかといった議論に訴えるのは、単なる時間の浪費であり、根本的な間違いであると見なされる。英語では私たち自身の未来の行動を予測するとき、「意志する」とまさに同じ言葉の will を使うが、決して偶然ではない。たとえばあなたは、「今夜心身問題についての小論文を私は書くだろう（I will write）」と述べるかもしれない。しかし、これはどんな因果関係の力も持たないであろう。悲しいことに、私たち皆が知っているように、意図を述べることと述べたことを実際に行なうこととは、二つのまったく異なったことである。未来についてのどのような言明も、実際に未来の出来事が起きる原因とはならない。明日についての、あるいは未来のどの時点についての言明も、真実であるとか、予言としての資格を持っているとかということはできない。せいぜい、あなたの予測が正しいかどうかを知るためには、明日が過ぎ去るまで待つことができるくらいである。

第2章では、本当に意志するのは何であろうかという問題を提起した。そこでは、意志とか心とか呼ばれる、物理的でない、肉体とは異なる幽霊のようなもの、そして何らかの方法で何かを引き起こす原因となる力を持ったようなものは、存在しないということが示唆された。よく考えれば、この見解によれば、すべての因果関係は究極的には物理的な世界の範囲内に基づいている以上、心理学が「純粋」科学とまったく同じ客観的な方法を用いるべきだという議論は、次のようなことを主張していることになる。――もし、すべてのものが何か他のものによって引き起こされるならば、すべての心理学的な状態とすべての行動には原因があることになる。もしすべての思考、概念、意図、感情、投企、行動、情動など等がどれも実際に物理的な基盤を持っているならば、それらはどこからでもないところからやってきた謎めいたものではなくなる。したがって、それらは他のすべてのものと同様に、自然界の物理的な領域に存在しているので、心理学は、いわゆる純粋科学と同じように、客観的、科学的方法で研究されるべきだと提唱することは論理に適っているに違いない……。

この見解によれば、人間は世界の一部分であって、何かしら世界から切り離された存在ではない。人間は、単に世界の内部で動き回っているのではなく、いわば世界の構成要素なのである。

生物学的還元主義

第3章では還元主義について考察した。その冒頭で、説明の水準について議論した。そこで心理学が科学になりえるか、そもそも科学であるべきかという問題に関して重要な点は、説明の水準がより還元論的になればなるほど（図3-1）、科学的方法が典型的に用いる客観的研究に、よりたやすく適合させることができる、ということであった。より全体論的水準になるほど、何かしら見たり触ったりするという意味で感知することが簡単ではなくなるのだ。そもそも、全体論的水準というものは、空間のある特定の場所に位置づけるのが簡単ではない。もちろん空間的な位置づけを明確にすることが難しいものは、定義上、「対象（もの）」として調べることが、困難であるか不可能である（「もの」とは、空間的な位置づけによって定義されるものだから）。この意味するところの例は、次のロム・ハレからの引用に示されている。

もし仮に私たちが握手をしているとして、誰か通りかかった人が尋ねるかもしれない。「彼らは何をしようとしているのですか」と。ただ単に手を握るだけならば、多分何か生物学的に遺伝された行動かもしれない。けれども、社会的存在としての**人々**（強調は本書著者による）の一員として、賭け金に合意したのかもしれないし、ただの挨拶なのかもしれないし、あなたを祝福しているのかもしれないし、ボクシングの試合の準備をしているのかもしれない。手を触れるという一つの生物学的な行為をするとき、人々が**やっていること**（強調は本書著者による）の可能性は無数にある。手を握ることは「握手」として解釈されている限りにおいてのみ、握手としての心理的効果をもたらす。社会的な世界を作っているのは、それらの解釈である。（Miller, 1983, p.158）

説明の水準が低い場合には、二人の人が握手をしているときに進行していることを観察したり、測定したり、記録したりすることはたやすい。つまり、これらの低い水準では、それらは客観的観察に適合している。しかしながら説明水準が高い場合、「理解する」ということにはより困難が伴う。もちろん、直接観察できる水準では、誰でも二人が何をしているのかを知ることができる。彼らは握手をしているのだ。しかし彼らは握手することによって本当は何をやっているのか。彼らが本当にやっていることは容易には観察できない。というのは、握手はさまざまなことを意味しうるからである。仮に、握手が祝福として意図され解釈されたとしよう。けれども、客観的で独立した観察者は、どのようにして確かにそうであると知ることができるだろうか。そのような解釈と意図は、いわばそれに関与している人々の頭のなかで行なわれることである。実際、より全体論的水準にある社会心理学では、単なる握手といった行動よりも、外部の観察者にとってはるかに捉えにくい隠れた現実が、取り扱われる。隠れた、捉えにくい、などという現実は、科学的試みの対象となることは、実際問題として不可能であろう。この、社会的世界の「捉えどころのなさ（elusiveness）」については、この章のあとの方で考察しよう。そこでは、社会心理学に関連した特別な問題が議論されることになる。

還元主義と「心身」問題

第4章では、還元主義をめぐる論点を、特に「心身」問題に関連づけて考察した。もし心が非物理的なもの、形而上的なものであるならば、いったい科学的研究という客観的な方法によって研究することが可能だろうか。もし心が物理的なものでないならば、空間のどこにも位置づけることはできない。したがって文字通り、どこにも見ることも観察することもできないであろう。そして、見ること、観察することは、科学を行なうことの非常に重要な側面である。他方、もし、多くの哲学者や心理学者がそうしているように、すべての思考、感情、感覚、情動が物理的な基盤を持っていると主張するならば、これらの心理学的な実在のすべてが科学的研究の対象となることが、論理的には可能となるはずだ。もっとも、それを研究する適正な技術があるときのみそれは可能なのだと論じる者もいるかもしれない。しかしながらこの可能性は、実際的にというよりは原理的に可能というべきだろう。要するに、どんな個人の感情や思考（たとえば後悔とか優柔不断とかいった）にも、生物学的な基盤があるに違いないと論理的には考えられる。しかし一体全体、科学者は、優柔不断とか後悔とかいったものがどこに位置しているかを、ある人の脳を生理学的に探索することによって突き止められるだろうか。それにもかかわらず、心理学で提出される事実上すべての問題は生物学、生理学の水準で解決されうるものであり、究極的には物理学上の原子や素粒子の水準で解決されるだろう、という考えに魅力を覚える多くの心理学者がいる。バニスターは、まさにこの魅力が私たちを誤った方向へ導くゆえんであることについて、次のように述べている。

還元主義は、生理学は心理学よりも何らかの意味でより実在に近いものであり、したがってより「基礎的な科学」であると見なす哲学的な姿勢であり、これは心理学者の間でも顕著である。心理学的な概念は何か実在から遠く離れたものと考えられているのに対して、ニューロンといったような概念は実在的な事象と等価なものと見られる。（Bannister, 1968, p.231）

ここで少し、人々が握手するとき本当は何をしているのかという、先ほどの例に戻ろう。右記にバニスターが要約した還元主義と同じ立場に立てば、人々が握手するとき、その場で観察できる物理的事象、つまり筋肉による行動は、その行為自体の背後にある触知しえない社会的な意味よりもより実在的な事象であると主張することができるだろう。しかし問題は、人々が実際に握手をしているとき、彼らは象徴的で意味のある行為を行っているということである。重要なことは、握手とはただの単純な行動ではないということである。握手とは、解釈される行動なのである。

◆科学における理論の位置

理論を提案したり、構築したりすることによって、世界についてのさまざまな既存の観察を結びつける方法が与えられる。また、予測をする能力も与えられる。のみならず、理論は、そもそも観察を始めるためにはいったいどこを見ればよいのかを、科学者たちに教える助けとなる。そしてまた、理論によって予測された観察が実際に行なわれることがあれば、その理論は支持され、確証された、ということができる。J・ホスパーズによって出された次の例が、既存の理論が観察を導く様子を例示するのに役立つだろう。

最も劇的な例証の一つは海王星の発見である。天王星が1781年に望遠鏡で発見されたとき、それはきわめて注意深く観察され、時間が経過するにつれて軌道が記録された。そして、その結果は驚くべきことであった。ニュートンの運動の法則によれば、天王星は、ある時点にXの位置にあるはずであった。ところがその代わりに、Yの位置に観測されたのだった。天文学者たちはこれを、ニュートンの理論を反駁する証拠として使うこともできただろう。けれども、この理論はすでに広範囲にわたる現象を説明していたので、彼らはそうすることをためらった。この新事実がニュートン理論を反験する証拠のように見えるにもかかわらず、すでに多くのことを説明しているこの理論を破棄するよりは、それに賭ける方が好ましく思えた。二人の天文学者アダムスとルベリエは（お互いに独立に）、ニュートンの理論と矛盾しないこの特異な現象の説明を探し求め、天王星に引力を及ぼしている未発見の惑星が存在する可能性に思い当たった。二人の天文学者はニュートン力学の理論を確信していたので、その基盤に立ち、それに自分たちの天王星の観察を加え、未発見の惑星の位置を計算した。……しかし、アインシュタインの相対性理論により新しい理論が出現した。それはニュートンの理論に取って代わるものではなく、いくつかの点で異なる観察可能な結果を予測するものだった。もしアインシュタインの見解が正しければ、光は重い物体に引きつけられるので、ある星から来る光は……もし太陽の近くを旅するならば、太陽の引力によって直線軌道をそれるに違いない。太陽の輝きのために昼間星を見ることができないので、この予測は通常の状況では確証することはできない。けれども、皆既日食の間には、その星の位置の違いが観測できるはずである。太陽の近くの星が1919年5月29日の皆既日食のときに写真撮影された。そして観測はアインシュタインの理論を確証した。ここでも、海王星の発見の場合と同様に、理論に基づいて予測が行なわれ、予測の成功が、相対性理論が受け入れられる要因の一つになったのだった。（Hospers, 1990, p.p169-170）

心理学における理論の位置

ニュートンとアインシュタインの理論の両方とも多くのことを予測するのに成功したので、大法則

（grand theory）と称することができる。行動主義も、究極的には人間の行動に関するすべてを連合学習で説明すると主張しているので、大法則と主張することができる。しかし、すべての理論的言明が、それほど全領域に通用するものであるとは言えない。次の例がそれを例示している。

（a）盲視の研究

盲視という視覚現象がある（Weiskrantz, 1986）。これは、すでになされていた生理学的観察により、論理的にありえると予測されていたものである。これらの観察のなかには、中脳および皮質下領域に伸びてそこで終っている少なくとも6本の視覚神経の枝があるという、生理学的事実がある。これらの枝の一つは10万本ほどの繊維から成っていて、決して小さな経路ではない。実際、これは聴覚神経全体よりも大きい。視覚皮質のある特定の部分に損傷のある患者は、それに対応する部分の視野が見えなくなるだろう。ヴァイスクランツは、論理的には、そのような患者は視野のある特定の部分が見えないにもかかわらず、この見えないはずの視野内に提示される視覚的情報を処理することができるはずだと確信した。大脳皮質以外の場所に伸びている神経経路がある種の視覚的機能に役立っているとすることは道理に適っていると考えたからである。「視野の欠損した」領域における視覚的情報の処理が実際に可能であるという事実の発見へと導いたのは、この理論的命題であった。患者たちは、私たちが見るという言葉によって習慣的に意味するような意味では、これらの視野内で何も「見る」ことはできないと報告したが、たとえば欠損視野内のどこで明かりが閃いたかという位置を正確に指さすことができた。彼らはまた、視覚的刺激に対して、意識的には気づいていなくても、適切に振る舞うことができたのだった。

(b) 言語機能に関する脳半球の特化

大多数の人々において左脳が言語機能を専門としているということは、一般的に受け入れられている。しかしながら神経学者や心理学者は、二つ以上の言語を話す人々はそうでない人々に比べて、側性化(lateralisation)に何らかの相違があるかもしれないと理論的に考えている。しかしそのような理論化は、決して直接テストをすることも確証することもできないということに注意しなければならない。特定の仮説をテストするためには、特定の実験的観察が行なわれなければならない。この例では、直接的かつテスト可能な仮説を形成しなければならないということは、まったく明らかである。他にどうやって心理学者は、言語に関する機能の側性化といった複雑なことを調査できるだろう。この問題を調べる手続きの一つに、実験参加者に指でキーをたたくことを求める、というのがある。それと同時に、彼らは話すか読むかすることを求められる。ここでの仮説は、一つの言語だけ話す人は、話しながら左手でキーをたたくように言われたときの方が、右の指でキーをたたきながら話すように言われた場合よりも、より素速くキーをたたくことができるであろうというものである。その論理は、左脳は身体の右側の部分を支配しているので、話したり読んだりしながら右手を使って指でたたく方が、左手を使う場合に比べ干渉による妨害が多く生じるのである。これは左脳の能力の間の「競合」の問題である。その結果として生じる仮説は、二言語併用者(バイリンガル)が言語を発したり理解したりするときに本当に右脳も関わっているとすれば、彼らのキーをたたく速度は、左手でやっても右手でやっても同じように影響を受けるであろう、ということである。このようにして、たとえばソアレス（Soares, 1984）は、実際にそれが事実であることを発見した。

◆——科学における客観性

視覚的錯覚は、真の客観性というものが実際には不可能であるという、明らかな証拠を提供してくれる。カニッツァの三角形（図6-2）は、観察者の知覚が、観察されるためにページ上に待機しているものを「客観的」に見るというよりは、視覚的なデータを意味あるものとして理解しようとする努力によって動かされていることを例証している。この、理解しようとする努力は、その刺激についての期待とか確信、あるいは少なくともその刺激が何を表現しているのだろうかという、解釈を伴う。解釈とはまた、観察者がすでに世界について知っていることを呼び起こすという要素も含んでいる。この、「客観性」に関する問題は、心理学に限られたことではない。他の専門分野も、それぞれ特定の困難に出会っている。たとえば文化人類学では、他の文化に属する人々の行動を観察しているとき、私たちが自分の文化のなかですでによく知っている事柄と比較してしまいがちであり、しかも往々にして不適切な比較をしてしまいがちだということがある。たとえばある儀式に固有の意味を、観察者自身の用語で説明しがちである。この章の後半の部分で、社会的な「世界」は、直接観察を待ちかまえているような「もの」ではないことが強調されている。むしろ社会的な世界は、その文化自体のなかに深く参与してその完全な成員になった者によってのみ、適切に知られることができる。観察のためには冷静な傍観者としてではなく、特定の「世界」の一員になることが要求されるのだ。

客観性に関する問題で出会うもう一つの分野は、歴史である。歴史家たちは多くの事実を大変注意深くつなぎ合わせて歴史を理解するかもしれないが、しかしそれらの事実のすべては、選択を受けた事実なのである。そのような試みは必然的に偏向をもたらす。多くの人が共有している誤った確信に、顕微鏡を通して観察している生物学者は、真実かつ直接的な観察によってものを見ているのだ、というものがある。なぜなら、ホラ、そこに、存在しているではないか。なるほど、顕微鏡を通してそれを目の前にしている、というのは正しい。問題なのは、顕微鏡で見るということにはふつう、理論が負荷されているということである。観察されているものが正確には何であるかということを科学者に教えるはずの顕微鏡観察の背後には、信じられないほど多くの量の理論があるのだ。［相対性理論や量子力学などの］「新物理学」においては、観察者は実際、常に、観察されているものの不可欠な一部であるという確信が、広く普及している。アインシュタインの相対性理論の法則は、この自明の理と関係がある。観察者は、観察下にあるものの外側に立つことが決してできない。実際、一般に、観察そのものが観察されているものを変化させることが認められている。たとえば第4章で、温度計を入れることが、実際にグラスの水の温度を変えるということを指摘した。測定機器が違えば、世界の違った側面を「捉える」だろう。

同様に、心理学者はよりいっそう、観察という行為そのものによって観察対象を変えてしまうという危険のなかにいるということが、おそらくは言えるだろう。ただ単に観察するためにそこにいるというだけで、望ましくない社会的次元を付加してしまうのだ。たとえば記憶に関する実験では、実験参加者は、実験者に良い印象を与えるために良い結果を出そうと努力するかもしれない。あるいは実験者が彼らに誰か嫌いな人のことを連想させる場合には、あまりやる気が出なくなるかもしれない。

なぜ、そんなに多くの心理学者が心理学を科学の学問にしたいと考えているのか

純粋科学の客観的方法は、過去百年あまりの間に最高度の成功をもたらしたのだった。信じられないほどの技術的進歩が、予測と世界の操作が、そして世界がどのように動いているのかについての因果関係による首尾一貫した理解が、科学研究の厳密な応用によってのみ可能になったのだった。これはそれ自体感銘深いことであった。

心理学者たちが、「心理学を科学にする」ことによって心理学への尊敬を得ようという考えに魅力を感じたのは、不思議なことではあるまい。たとえ科学の業績がそれ自体きわめて感銘深いものであっても、人々が科学を崇拝するもう一つの理由があるということに注意しなければならない。その理由というのは、科学自体のなかに、主観的知識と称されるものと客観的知識と呼ばれるものを区別できるということである。たとえば、あなたがロンドンからローマまで飛行機で行こうとしていると仮定していただきたい。ここに確かな一つのことがある。それは、あなたの計画を実行可能にしている科学的知識が存在するという

ことである。飛行機は毎日ロンドンからローマに向けて出発している。それはあたりまえの、日常的でふつうの出来事だ。あなたをローマまで乗せていくための必要な知識というものは存在するが、しかしその知識は正確にはどこにあると言うべきだろうか。誰がそれを所有しているのだろうか。なるほど、パイロットは飛行機をどのように飛ばすかについて、何事かを知っている。パイロットは多分非常に多くのことを知っているが、しかし飛行機が実際どのように飛ぶのかということについてのすべてを知っているわけではない。飛行機を造った技術者たちはといえば、全員が、さまざまなことを知っている。しかしながら、多分確実に近いことは、彼らのうちの誰一人として、実際に飛ぶ飛行機を造るために必要なすべてを完璧に知っている者はいない、ということである。ある技師は流体力学の専門家かもしれないし、また他の者は燃料、電気等々の専門家かもしれない。多くの人が主観的には（つまり個人的には）多くのことを知っているが、個人であなたがロンドンからローマに飛んでいく飛行機を造るのに十分な知識を持っている人は誰もいない。しかしながら、必要とされる客観的知識は、いってみれば、「そこに、外側に」、存在する。そして毎日使用されている。

この例からも、事実上誰でもが、何らかの意味で客観的な知識に畏敬の念を抱いていることが、たやすく知られるのである。流体力学の技師、燃料の専門家といった人々でさえ、自分たちの専門的な知識と並んで、飛行機を飛ばすのに必要な全体的な客観的な知識が存在するという考えに、信頼を置かねばならない。まず飛行機製作から始めてしかるのちA地点からB地点まで飛ばす、ということを成し遂げるための十分な知識は、どんな個人も持ち合せてはいない。しかしながら私たち人間は、この偉業を多くの他の科学的成果ともども成し遂げた。だから、ほとんどの人々が科学者を含む科学に対して、かくも大いなる尊敬の念を抱いているように見えるのも不思議なことではない。

だからこの畏敬と尊敬の点からいっても、心理学が純粋科学の「猿真似」を試みてきたというのは、さして驚くことではない。しかしながら多くの心理学者が、このことを不適切かつ無用無益と考えている。ここに、ハレの、心理学に尊敬の気持ちを向けさせようとするそのような試みを皮肉った言葉がある。

心理学者が最初に科学者になろうと試みたとき、彼らは、自分の描いたイメージ通りに髭を生やし、タイプライターを買い、服装を整え、文学界の表面的なマナーを装い作家になろうとした若者のようであった。心理学者たちは物理学者のように話した。自分たちの結果を測定結果（measures）と呼び、論文に数字の表を加え、簡単な数学さえもやってみようとした。それはただ装っただけだった。科学的取り組みの本質は、なぜか彼らのもとから逃げていった（Miller, 1983, p.157）。

実際、ハレは、科学的アプローチは役に立たないと信じただけでなく、科学的な方法に必然的な客観化と非人間化を避けるよう、心理学者を促しさえした。そのために、彼は、「人々を人間存在として取り扱う」ことこそが良い考えであると提案したのだった。次の節では、ハレのこの提案を、精神医学における人間への見方、という含意から考えていくことにする。

◆精神医学の科学的客観化と、その意味

古典的な本『引き裂かれた自己』のなかで、いわゆる「反・精神医学者」レイン（R. D. Laing）は、統合失調症（精神分裂病）患者の科学的非人間化に反対して立ち上がったのだった。彼は、患者を、心理学的に困難な経験をしている悲惨な人間と見るよりはむしろ故障した複雑な物理化学的系と見る見方が中心となっている傾向に、反対したのだった。彼は、患者は実際には、これらのどちらでもあると強調した。患者は、観察者の態度のいかんによって、これら両者の混合の異なった相を見せるのである。そしてその採られる態度というのは、無論、観察者の側が意図的に採るのである。

さて、あなたが私の向かいに座っているとしよう。私はあなたを私自身と同じような、もう一人の人間として見ることができる。けれども、あなたが何か変ったことをしなくても、私はあなたを、複雑な物理化学的な系だと見ることもできる。おそらくそれ自身の特異性を持ってはいるだろうが、それでもなお化学物質である。このように見られるとき、あなたはもはや人間ではなく、有機体である。……有機体として見られるとき、人間は物の複合体の他の何ものでもありえなくなる。究極的に有機体を構成する過程は、彼や彼女ではなく非人称的な「それの過程（it-process）」である。……人間を機械として、あるいは「それの過程」として説明することになれば、その人物を人間として見る理論

はやりようがなくなってしまう。その逆もまた真実である。(Laing, 1959, pp.21-22)

レインはここで実に、心理学者や精神医学者が患者を伝統的な科学的な態度で見るやいなや、患者を人間として見ることは不可能になってしまうと言っているのである。もちろん、逆も真である。これは、バニスターの論文、「生理学的心理学の神話」のなかの次の評言と響きあっている。「……生理学的心理学の発展の見込みは、化学的社会学や生物的天文学の発展の見込みと同じくらいに、ある(あるいはない)」(Bannister, 1958, p.229)

レインは、人間への科学的アプローチは実際、「言葉の矛盾」であると主張した。そして彼が私たちに思い出させてくれる重要なことは、精神医学者が純粋に臨床的で、冷静、客観的、科学的、医療的、組織的、分類的な立場をとるときはいつでも、必然的に患者の非人間化が起こるということである。レインは、クーパー(David Cooper)のような他の反精神医学者と共に、採るべき態度はこれとはまったく反対であると言う。すなわち患者と深い関係を持ち、相互主観的であり、分類や分析を促すような兆候を探すよりは、患者が実際に言っていることに耳を傾けることである。彼は、精神的苦痛を患っている人々を医学的に治療することが常に適当であるとは限らず、患者の家族環境が、なぜ患者が惑乱しているのかの鍵を握っているかもしれないと論じる。患者を一人の人間として扱うことは、実際、精神医学を科学にしようと試みることを拒否することである。この章の最初で述べたように、科学は、世界がいかに作動しているかについての「図式的」理解をあてはめる、あるいは記述するために、首尾一貫性や一般化を求める企てである。レインは、一般化を求めるよりはむしろ、個々の患者が、世界に対して独自の個人的な事柄を表現する、独自の個人として見られるべきだと確信していた。心理学者は、この独自のアプローチを、しばしば**個性記述的**（idiographic）と言う。この用語は、**個に固有の**（idiosyncratic）という関連した言葉と一緒に覚えるとよいだろう。この語は、特定の個人の独特の特徴（癖）とか行動のしかたを指す際に、よく使われる言葉である。これに対して、**法則定立的**（nomothetic）なアプローチとは、人々の間の一般性とか類似性の探究を意味する。この言葉は、ギリシア語で「法則」を意味するnomosに由来している。

上述の区別は、心理学の科学としての位置に関して、次のような議論を引き起こすだろう。さて、科学は一般化と首尾一貫性の探究をめざすという要点はすでに述べた。すなわち科学は、世界が作動している様式に関する、法則の探究である。このように、すべての科学は法則定立的な営みとして述べられるべきである。したがって、人間についての独自なものあるいは個人的なものを研究しようと欲しているどんな心理学者も、「科学している」とは言えない。心理学における不適当なまでの科学の過剰な適用は、しばしば、「科学主義（scientism）」の一例であると見なされる。

個性記述的なアプローチは、「人間中心的」と言えるであろう。それに対し、「もし……ならば……」という形式の言明と観察に重要性を置き、しばしば実験による観察から結果を得る法則定立的なアプローチは、「変数中心的」である。

科学と社会心理学

還元主義と社会心理学

実験心理学における還元主義は最初の方ですでに考察したので、今度はそれに代わるアプローチを考察せねばならない。いわゆる社会心理学の「危機」を概観し、社会心理学というこの心理学の小部門における実験的還元主義が、果たして人々が集団でどのように行動するかについて重要な発見を引き出すことができるか否かを論じよう。

たとえば実験的研究によって、小さい集団に比べ大きい集団は、よりリスクの大きい、より大胆な決定にたどり着く傾向があることが強調される（たとえば、Stoner, 1961）。これは、しばしば「リスキー・シフト」と言われる現象である。実験に基盤を置く研究者は、この現象にいわゆる内的な妥当性があるとかなり確信しているというだけではなく、このような研究自体、最初の実験による発見が「現実世界」でも「通用する」かどうかを確かめるためには、さらなる調査がなされるべきだということを明白に示唆している。この研究は現実界における外的な妥当性を持っているだろうか。たとえば、陪審員の人数が、被告人に対して下される決定にどのような影響を与えるだろうか。陪審員の人数を増すと、「リスキー・シフト」の傾向が助長されるだろうか。もしそうでないとしても、陪審員の人数が違えば、結論にたどり着く時間の長さはどれくらい違ってくるだろうか。税金納税者にとっての裁判の費用はどうだろうか。還元主義者の高度に統制されている社会心理学実験室という環境のなかでの研究結果が、統制のずっと難しい現実世界に適用するための特定の指針を提供できるかどうかは、議論の余地があるだろう。

実際、社会的な「世界」は、実験的方法という科学的に信頼性のあるアプローチによっては、容易に調査できるような「事物」ではないと論じることは可能だし、実際論じられてもきた。この見解が示唆するところによれば、社会的世界は絶えず社会的に造られ維持される過程にあるのであって、そのような過程に入り込んでいくためには、単純に実験する方法よりははるかに繊細なアプローチを必要とするのである。次の節では、この、もっと繊細な社会心理学の研究方法について考察することにしよう。そこでは、実験的還元主義の限界のいくつかが、ある時は明示的に、ある時は暗黙のうちに述べられるであろう。

社会的現実の考察――実験的還元主義を避ける

「社会的現実」の捉えにくさ

社会心理学における「危機」なるものは、実験的であるがために必然的に還元主義的となるアプローチに対する反発を、その本質としていた。そもそも、社会心理学者たちが実験を行なっているときに実際に観察する唯一のものは、人々が実験的状況に置かれたときどのように行動するのか、ということではないのか。ここでは実験的還元主義は、必然的に、研究者たちの造った人工的な「ミニ世界」で「動き回る」ように求められたとき、人々がどのように行動するかということの分析に導かれる。「動き回る」ことのなかで、参加者たちはどれくらい実験に参加しているのだろうか。実際に実験として与えられた問題を解決することが、参加者たちにとってどれくらい重要なことなのだろうか、等々。心理学者たちがこれらのより管理しやすい「ミニ世界」を観察したがったのはもっともなことであったが、結局のところ、実験室の外の「現実世界」は、はるかに複雑である。実際問題として、二つの「世界」は異なったカテゴリー（範疇）に属している。「ミニ世界」の方は、それだけ切り離して調査できる。つまり、言ってみれば、一度にすべてを調べることができる。しかしながら、「現実世界」はそんなにたやすくは研究者たちにその姿を見せてはくれない。「社会的現実」という世界は、調査したり測定したりできるようなものではない。他方、テーブル、本、庭、建物、そして実験の道具立て――これらの「事物」はすべて、見たり、触ったり、歩き回ったりできるし、調査したり測定したりすることに向いている。

実験室の外の「現実世界」は、このような、「物的な」性質を持っていない。このことが意味していることは何だろうか。「現実世界」と言われるものの主な特徴の一つは、この「社会的現実」が、言ってみればまさしくこの世界のメンバーの頭のなかに存在している、ということである。ここでは、人々の集団を結びつけている目に見えない社会的な糸が問題なのである。誰もが知っていることだが、私たちは皆、毎日の生活のなかで社会的な義務とか期待とかいった複雑な関係に巻き込まれている。私たちには、順守する義務感とか名誉の感覚がある。たとえば、かつて誰かの気持ちを傷つけるようなことをしでかしたため、その修復のために尽力しているかもしれない。あるいは反対に自分自身が攻撃されたり傷つけられたりしたので、仕返しをしようと画策しているかもしれない。自分自身を証明したい欲望に駆られているかもしれない。このような社会的に駆り立てるという心理的な力が、試験に合格しようとしたり、新しい仕事で良い業績を上げようと試みたりする努力の、背後に常にあるのであろう。けれども、それらの社会的な力は、たやすく観察・測定されることができる「物」のカテゴリーには属していない。それらは、もっと捕らえどころのない次元に存在しているのだ。

実験は本当は何を告げているのか

実験室という状況設定が意図的に還元主義的なものであることは、つとに主張されてきたことである。さらに言えば、実験を実際に実施できるのは、ただそのように単純化された状況においてだけである。何が何に影響を与えているのかを厳密に引き出すことが可能なのは、限定された少数の変数に焦点づけることによってのみである。「独立変数を操作すればどのように従属変数に影響を与えるであろうか？」これが、実験実施のときに追求される、単純化された問いである。ある実験の変数を変化させることによって、精妙な因果関係を引き出すことができる。これはJ・S・ミルが「単一変数の規則」と述べているものである。一度にただ一つの変数だけが変えられるべきである。たとえばミルグラムによる「服従」の実験では、参加者たちはしばしば、その実験がイェール大学という一流大学で行なわれたからこそ従ったのだと報告した。そこで、ミルの規則にしたがって、ミルグラムは実験をもう一度行なった。今度は、実験実施の場所を変える他は、すべてを前と同じ条件で行なったのである。彼が実験を繰り返した場所は、大学から遠く離れた街の中心部であった。彼は、他のすべての条件を、最初の実験を行なったときとまさしく同じようにして、注意深く実験したのだった。実際、世の中がどのように作動しているのかについて、また実際に何が何に対して影響を与えているのかについて、どんな研究者であっても結論を引き出せるのは、このような方法で操作することによってのみである。研究者たちは、このような方法で、法則的な関係を引き出そうと試みる。

けれども、このような法則的な関係は、実際には実験室のなかにのみ存在していると言うことができる。実験室の外ではものごとははるかに複雑であり、まさしくこの複雑性ゆえに、実験室という限られた条件の下で観察される現象を現実世界に実際に移し換えることはできないと示唆されるのである。というのも、この現実世界では、人間に影響を与える変数は非常に多いので、どんな実際の因果関係の分析をすることも、不可能ではないとしても難しいからである。言うまでもなく、この因果関係の分析こそが、科学的実践を構成している。それゆえ、人間行動が「科学的」に研究されることを期待するのは、不可能というものではないだろうか。ユングは、この難しさを次のように述べている。

> 私たちは、自然法則の恒久的な妥当性を立証するために、適切な制約を備えた実験室を必要とする。もしものごとを自然のままに放置すれば、非常にさまざまな結果を見ることになってしまうであろう。すべての過程は部分的、あるいは全体的に偶然性によって影響されている。したがって自然の環境のもとでは、特定の法則に完全に従う出来事の経過は、ほとんど例外といってよい。(Jung,1989, p.xxii)

このようにユングは、心理学者が、心理学を支配していると考えられる法則的な原理の研究を始めることができるのは、ただ「世界」を実験室場面という人工物に移し換えたときのみである、と言う。けれども、実験室のなかではきわめて明確に適応することのできる原理も、現実世界の複雑さのなかでは、明確さを曇らせてしまう。このことは必ずしも、因果関係の機械的な原理が心理学の領域では通用しない、ということを意味するわけではない。その意味するところは、人間行動と人間経験を決定することに寄与している要因――心理学という学科の研究領域――は非常に膨大なので、予測することはほとんど不可能である、ということである。現実世界というシステムは、確かに機械的であるかもしれないが非常に複雑なので、次に何が起こるかを知ることは不可能なのであると論じることができよう。

右の段落についてちょっと考えてみると、還元主義への反対論というよりは、賛成論のように聞こえるかもしれない。これでは、調査している系を単純にすることによってのみ、その中で起こっていることの観察を正当に始めることができるという点を、実際強調してはいないだろうか。実験室の不自然な装置の人工的な単純さは、自然で偶然に起きている世界の複雑さよりも、科学的実践の試みにおいては望ましいのではないだろうか。

その上、実験場面という還元主義的環境を使用することを、さらに次のように弁護することができるだろう。まず最初に、実験を行なう際の不可欠な部分として、研究者は、参加者が実験条件に無作為に配置されていることを確かめねばならない。これは、「現実世界」から実験室内実験へと影響する（右のユングによって述べられているような）どのような偶然の要因も、実験条件の全般にわたってできるだけ均等に割り振られているということを保証するために行なわれる。こうすることによって、研究者はかなり確実に、どのような因果関係（独立変数‐従属変数関係）も、単に**標本誤差**（サンプリング・エラー、標本抽出上の間違い）に起因するものではないということを主張できるだろう。すなわち実際に独立変数の変化に伴って、因果的な変化が起こったのである。たとえば、記憶について研究するとき、20人の参加者がいるとする。それらの参加者は、記憶能力が各々異なっているだろう。この相違は、多様な要因による。参加者たちは、知力、実験者に対して良い成績を示そうという動機、実際に記憶テストを受けていることへの理解、そのとき疲労を感じているかそれとも元気であるか、等々の点で違っている。統計学的にいえば、実験条件へ無作為に配置することで、これらの複雑な要因のすべてを、無作為に分配することができる。この、**無作為化**（randomisation）という方法ができない場合の代案に、**カウンターバランス**（counter-balancing）という方法もある。

実験的還元主義への賛否両論——社会心理学のケーススタディー

イブセンとコネクニ（Ebbesen and Konečni, 1975）は、「現実世界」に関する重要な問題を研究した。彼らは、裁判官が保釈の決定をするとき、どんな要因が考慮に入れられるのかを調査したいと思った。彼らの研究については、この章のあとの方でもっと詳しく論じる。しかしまず最初に、次のことを思い起こす必要があるだろう。まず、被告が訴えられても、法的な手続き上は、有罪と決まるまでは無罪であると想定されていること［推定無罪の原則］、通常、逮捕と裁判の間には、数ヶ月の時間の経過があること、の二つである。そして、これらが意味することは、逮捕と裁判の間の期間中被告を拘留していることは、もし被告に罪のないことがわかり、裁判の結果無罪を宣告されるならば、最終的に間違いであり非人間的であると見なされる、ということである。

保釈金とは、もちろん、裁判が始まったときに彼(女)が裁判所に出廷することをある程度まで保証する、被告によって払われるお金である。もし被告人が出廷しなかったならば、保釈金は没収される。これによって、被告が出廷する強い動機が確保される。さて、被告に保釈を許可するか、裁判までの期間拘留を続けるかの決定が裁判官によってなされるとき、一般的にどのような要因が考慮に入れられるのであろうか。これは主として、(1) 訴えられた罪の重大さ、(2) 被告の過去の記録(前科)、(3) 推測される被告の危険性(保釈によって解放されたとき、同じような重い罪を犯しそうかどうか)、(4) 被告がどの程度まで地域社会とのつながりを持っているか(つまり、被告がその法律によって訴えられた国で仕事、配偶者、家族、家などを持っているか否か。アメリカ合衆国で訴えられた場合には、その州での彼の「地域社会とのつながり」が問題となる)、(5) 必要とされる金額、もしくは被告が申し出た金額、等である。

イブセンとコネクニの研究が、きわめて重大な問題に関係していることは明らかである。この研究がここで特に有益なのは、彼らが保釈の設定に関する模擬的な実験と、実際に保釈決定をする裁判官の自然観察という、両方の方法を使用しているからである。

イブセンとコネクニの研究（1975）の詳細

模擬的な実験という還元主義的な設定の利点を活かして、研究者たちは、想像上の被告についての事例研究（ケーススタディー）を考案した。このようにすることによって、独立変数を操作したり統御したりすることができる。そして、これらが従属変数にどのような影響を与えるかを、見ることができる。（従属変数とは、言うまでもなく、裁判官がこの想像上の事例に対して保釈を許可するかどうかである。）彼らが操作した独立変数は、以下のものであった。

（1）検察当局の提示した保釈金額
（2）弁護側の提示した金額
（3）訴えられた被告に前科があるかどうか
（4）訴えられた被告が地域社会とのつながりを持っているかどうか

模擬実験の有利な点は、四つの比較的簡単な変数にすることによって、研究者は、それらを可能なあらゆる方法で組み合わせて想像上のケースを作り出すことができることである。重要な点は、そのような巧みな方法で、裁判官が保釈の適用を考える際、どの要因がどのように組み合わさった時に、最も重要だと考えるかを、明快に立証できるということである。このようにして、各要因ごとの独立した結果を、はっきりと見ることができる。研究者たちが実際に立証したのは、それぞれの要因がそれぞれ影響を与えるということだった。さらに、被告が地域社会とのつながりを持っているかどうかということが、裁判官が保釈を許可するかどうかに最も大きな影響を与える要因であるということもわかった。

ここまでは良い。この模擬実験は、裁判官が保釈の適用を考える際の因果的要因が何であるかを、手際よく示しているように見える。状況設定をこのようにはっきりとしたわかりやすい変数の組み合わせまで縮減することによって、研究者は、裁判官が保釈の適用を考えるとき何が何に対して影響を与えるのかを、同じようにはっきりとわかりやすい関係として示すことができた。ここで重要なのは、裁判官たちが、被告が裁判の日に出廷するかどうかの重要な指標として一般的に同意される要因を考慮に入れているように見える、という事実である。したがってここでの研究者たちのアプローチは、このタイプの実験的単純化もしくは還元主義に有利な論拠を提供しているように見えるだろう。

あいにくなことに、反対の論拠がある。この模擬実験を行なったあとで、研究者たちは現実の場面で、5人の裁判官のあとを付いて回った（模擬実験の研究では、18人の裁判官に参加してもらった）。彼らは、保釈が考慮されている現実の場面で、裁判官たちが実際にやっていることを観察したのだった。もちろん、自然場面では、研究者は被告の関連のあるすべての情報の詳細に接近できる。しかし自然な世界では、ものごとは、模擬実験という架空世界に比べより明確でない。上述の独立変数を、それほど注意深く細かく同定することはできない。それらは互いに入り混じっている。かてて加えて、現実界での保釈の適用にあっては、裁判官たちは、地域社会とのつながりに対してまったくと言ってよいほど注意を向けていないように見える、ということが見いだされた。これは、そのようなつながりが、保釈が許されるかどうかの最も有力な因果的要因となっているように見えた模擬実験の結果と、まったく矛盾するものだった。

当初、模擬実験による研究は非常に魅力的に思えた。ここでは、変数間の因果関係について確実に知ることができる。あいにくなことに、この模擬実験は、この章の前の方で示唆したことの例解になってしまっている。どんな実験的研究にあっても、私たちは単に変数を操作しさえすればよい。ただし、選ばれた変数が、研究対象となっている人々にとっては、実際には大した意味がないという危険がある。自然的な観察のもとでは、裁判官たちは明らかに、地域社会とのつながりとか検察当局の要求金額等々の2、3の変数を勘案するよりも、はるかに複雑なことに関わっている。実際、現実に彼らが関わっていると思われたのは、検事との社会的な相互作用である。**実際に**起こっていることを表現する適切なモデルは、上述の4変数とは関係がなく、むしろ、訴訟に関わる人々の、社会的力学に関係していた。保釈を許可するかどうかの裁判官の最終決定に影響を与えたり説得したりする試みに関係していたのは、この力学であった。

この（現実生活の資料に基づいた）「社会的影響モデル」は、保釈のための手続きは、裁判そのものと同様、一種の対立的なやり取りであり、検事と弁護士間の競い合いであるということを示唆している。……これに反して、模擬実験によるデータは、保釈の聴聞とは、裁判官が、被告が裁判の日に出廷するかどうかに影響を及ぼすであろう被告に関する多くの事実を考量するという、通常期待されるようなものだということを示唆している。（Brown, 1986, p.256）

この研究から引き出される結論

この例から、実験的還元主義に関してどんな結論を引き出せるだろうか。一方では、この研究の実験部分は、もし保釈が実際に許された場合に被告人が最終的に裁判を受けるために裁判所に出頭する見込みがあるかどうかに関する、裁判官たちによって認知されたさまざまな要因の重要性について、明確な説明をすることができる。ここで、研究者たちは以下のことを発見したように見える、ということを、繰り返しておいてもよいだろう。すなわち、裁判官たちは、被告人が裁判所に出廷しそうかを判断するための適切な指標と一般に見なされている、地域社会とのつながりその他の要因の重要性に関して、一般に同意されている指針に従っているように見える、ということが見いだされたのである。当該の事例を取り巻く「冷厳な事実」を斟酌する正しい手続きに従っているように見えるのである。

他方、自然な観察は別のことを示した。特に注目すべきことは、保釈適用についての冷静な評価が、説得という社会的過程に取って代わられるように見えたことである。ここには、被告弁護人にせよ検察側にせよ、より強い議論が優勢になる、という危険がある。端的に言えば、全体の過程は、本来そうであるべきような、事実の冷静で落ち着いた比較検討では全然なかったのだ。ここには、両方の調査方法が大いに重要であるということが明らかに示唆されている。さらに、保釈聴聞がいかに行なわれるべきかについて法律家に有意義な提案をするためには、両方の方法の結果を併せて考慮することが有益であろう。

人工的な設定が自然なものとなるのはどんなときか

イブセンとコネクニの実験は、実験的方法の限界と利点を明確にするものであった。人工的な実験設定が置く制約は、因果関係を確認するという点では明らかに好都合であった。一方、自然観察は、裁判官たちが、実際には彼らがそうしていると主張しているようには行動しているように見えなかった、ということを示した点で重要であった。したがってここには、「外的妥当性」に関わる問題がある。実験室という条件のもとで起きていたことは、外部の世界、すなわち実験室の外の「現実世界」で実際に起きたこととは、似ていなかったのだった。

もっとも、外的妥当性についてあまり懸念することなく容易に実験室のなかで研究できるような、いくつかの状況が「現実生活」の中にもある。人工的な設定になる他ないような、いくつかの状況があるのだ。たとえば、容疑者の面通しをするという例では、目撃者は、加害者がいるかどうか見るため、一列に並んだ人物を見るだろう。このような容疑者を一列に並べるようなこと自体、必ずしも「自然な出来事」とは言えない。反対に、そこには、警察の手続きによって作為された面がある。一列に並んだ容疑者は、実験室的な設定の特質の多くを備えていると言える。さらに、目撃者は、言ってみれば、記憶テストが行なわれる施設という馴染みのない環境に連れて行かれる。目撃者は幾分、緊張しているだろう。良い結果を出そう、あるいは見分けることに成功しようという圧力の下にある。実際、彼らは、心理学者の行なう実験に参加するために大学にやってくる参加者たちと、非常によく似た気分にあるように思われる。

右の段落では、容疑者の面通しに参加する目撃者も、実験への参加者も、作為的な人工的な状況に置かれていると感じているに違いないことが示唆された。そのようなものとして、面通しに関連する要因の研究という心理学的研究は、外的妥当性のことをあまり懸念しないで行ってよいと主張できよう。しかし、多分これは例外にすぎない。なぜなら、外的妥当性についての問題は、心理学の多くの分野で現実に存在し続けているからである。実際、イブセンとコネクニによる上述の研究は、この問題を明白に例示していると言えよう。

◆――まとめ

心理学は科学的アプローチを採用することができる、あるいはすべきだという考えに対する賛否両論を、この章で紹介した。心理学者たちが物理学、化学、そして生物学が成し遂げた非常な技術的成功ゆえに「純粋」科学の方法を真似ようとしばしば試みたことは、たいへん良く分かることである。しかし、このような試みが**適切なこと**であるかどうかは、別問題である。いわゆる「質的 - 量的」の問題について、第1章で論じた。そこでは、主観性 - 客観性という対立軸の問題が、この問題の中心にあることを強調した。おそらくは、心理学者たちは、客観的であろうとすることに過度にとりつかれていたのだ。そもそも、人間は心理学的状態を備えているのである。これらの状態は、思考、感動、感情などを含む全体的な領域を形成している。そしてこれらのすべてが、きわめて個人的で主観的な現象である。したがってそれらは、この世界の他の現象のようには、たやすくは科学的に観察することはできない。

しかしながら、心理学における論争の多くと同様に、この問いに対する答えは、多分、賢明な妥協という形をとらなければならないだろう。心理学は極度に広範囲な学問である。したがって、採られるべき研究方法は、まさしく心理学のいかなる領域を研究しているかによって異なると結論するのが、賢明ではないだろうか。

読書案内

Hospers. J.（1990）*An Introduction to Phiosophical Analysis*, 3rd edn, London: Routledge. 第4章「科学的知識」

Hunt, M.（1993）*The Story of Psychology*, London: Anchor Books. このテキストは、Aレベル以上の学習に特に興味深いものである。科学としての心理学を確立するためのさまざまな試みの包括的、歴史的説明としては、「第2部　新しい科学の創始者たち」を参照。

Gross, R. D.（1995）*Themes, Issues, & Debate in Psychology*, London: Hodder & Stoughton. 第11章「科学としての心理学」

第6章　氏（生まれ）か育ちか論争

◆——氏（生まれ）か育ちか論争とは何か

氏（nature）か育ち（nurture）か論争とは、生物学的遺伝（氏＝生まれ）が環境的要因（育ち）に比べ、どの程度まで個人の形成に与っているかをめぐるものである。環境的要因には、個人的な経験と境遇が含まれる。すなわち学習の効果と、その人が生まれついた境遇の社会的、政治的影響までを含む。

この問題は、「遺伝か環境か」論争と呼ばれることもある。この一例が、人は「言語獲得装置（LAD）」を生まれつき持っていると論じるノーム・チョムスキー（Noam Chomsky）と、言語獲得のシステムがそんなにも生得のものだと想定するのは間違いだという立場を維持している人々との間の論争である。後者の人々は、言うまでもなく、［オペラント条件づけによる］言語学習の原理がより真実に近いと主張する。前者のグループは、LAD（LAS、言語獲得システム、とも言われるが）は、学習される必要のない、生得的な文法の基本的な規則の一般的あるいは普遍的な知識の「貯水池」（もしくはシステム）であると論じる。この説では、経験——育ちあるいは環境——が果たす唯一の部分は、個人がたまたま獲得する**現実の言語**が、彼（女）が実際に成長した場所によって決まる、ということだけである。この理論によれば、個々人はこの普遍的な貯水池から、実際に接している特定の言語に適用される文法の規則を選択していることになる。

◆——これまでの議論

氏（生まれ）か育ちかの問題は、本書のいくつかのところで議論されている。スキナーとかワトソンのような行動主義者たちは、環境決定論を強く支持する極端な見解を推進する（第7章）。彼らの見解では、育ちの側面こそが、絶対的に重要なものである。そこでは、すべての行動が、連合学習によって直接的に形成され、統御されるものと見なされる。動物が成長する環境における賞罰のシステムが、行動形成の決定要因である。同じように、人間の行動にもそのような賞罰のシステムが、家族とか学校といった直接的なミクロ環境に見られる。また、そのようなシステムは、国家あるいは文化の水準の、政治的に制御されるマクロな環境においても、存在している。

生物学的決定論に関しては、私たちがどの程度まで自由意志を持っていると言えるかに関する議論で、すでに考察した（第2章）。そこでは、例として、生物学的システムの生得的な特性によって、いかに私たち自身の心理的構造が決定されるかを考察した。たとえば外向性と内向性という特性は、その人の大脳皮質の興奮のレベルによって直接支配されていると見なされる。すなわち、そのような性格特性は、その人の生来の特質の結果と見なされたのだった。

第3章の終わりの方の節では進化論的観点について論じたが、そこでも大きく生得説に傾いている。この観点では、すべての行動は、究極的には、個人が生き延び、遺伝子を残さねばならないという、生物学的な指令によって動かされていると主張される。

第4章では、心身問題に関するさまざまな立場について論じた。**唯物論**では心的な出来事は物理的な出来事であり、**随伴現象説**では心の状態は、脳で起こる物理的出来事の産物であると主張される。これらの立場の両方とも、生得要因の重要性を含意することになる。すなわち、個人の持って生まれた物理的な脳が重要である。しかしながら、本章のあとの方で、脳の効率や特質というものは——したがって、いわゆる「心」と呼ばれるものは——この生物学的遺伝（生まれ）と、個人がさらされている環境的な要因（育ち）の相互作用による、最終的産物であると見なされなければならない、ということを論じよう。たとえば、豊かで刺激的な教育とか栄養的にバランスのとれた食事といったような環境的な要因は、「生まれ」が提供したものに最善の効果を与える「育ち」として重要であることが、示唆されるだろう。

第5章では、心理学は科学になりえるかどうかを問うた。中心的な問題の一つは、自然界における人間の位置に関係している。もし人間が、単純に世界の「中にいる」というよりは、世界の「一部分である」と見なすならば、自然科学において非常に成功した科学的接近法を採用することは、適切だと見られるであろう。世の中の事象がいかに進行するかを決定する因果関係を、発見するという方法である。もしこの接近法が、実際に心理学にとってふさわしいものであるならば、心理学者の研究の関心事は、個人の行動と経験とを結果としてもたらす、環境的要因と生物学的要因の役割を調べることにあると主張されるだろう。つまり、心理学は、育ちと生まれのそれぞれの影響と効果とに関心があるということである。必然的に、このような研究には、この二つの要因がどのように結びついているかの評価が含まれることになる。

社会的構成主義

私たちの性質が固定していることは、多くのやり方で論証できる。たとえば人間は、主として視覚によって世界を経験する以外の経験を選ぶことはできないということは、一つの事実である。ちょうど、コウモリが飛んで移動するのに、可聴音を使うことができないのと同じである。視覚系の範囲も、ある限られた電磁波の領域［訳注　400‐700ナノメートル］だけを処理できるという点で、固定している。X線や赤外線は、軍隊で用いる赤外線を見る装置のような特別な装置の助けを借りなければ、私たちには直接情報処理することも、経験することもできない。

けれども、人は誕生のときに、特定の身体に押し込まれ、死に至るまで住み続けなければならない特定の生物学的「牢獄」に投げ込まれるだけでなく、また、特定の社会的、政治的環境にも投げ込まれる。誕生して以来、子どもたちは、この環境の特定の要請に適応することを学ぶ。子どもたちは、この適応ができるように生物学的にプログラムされている、そして、生まれつき、他の人々に「同調」するように、そしてまた文化的、社会的要請の指示する社会的期待に同調するように、作られていると主張することもできる。とりわけ、子どもたちは生まれつき、両親のような重要な保護者と適切に相互作用できるように「プログラムされている」、と言うこともできよう。とはいえ、この生まれつきの傾向がどんなに強くとも、育ちという側面もまた、考察されなければならない。

社会的構成主義（social constructionism）とは、個人が生まれ落ちた特定の社会的、政治的環境の可変性を意味として含んだ用語である。人間の環境は、自然の直接の産物であるというより、そもそも構成されたものであるから、変化しえる。たとえば、世界には、多様な政治的システムと社会的約束事が存在している。私たち人間は、確かに、社会的約束事のなかに住むようにプログラムされている。いわば私たちは、他の人々と集団として共存するように「プログラム」されている。私たちは、チンパンジーと同じく、高度に社会的な動物である。アリもまた、相互作用したり協同したりしながら、最も複雑な社会的機構のなかで営為している。しかしながらアリと人間の重大な違いは、アリにとってその社会的設定は**不変**であり、生まれつき自動的に決定されているが、一方人間の方は、社会的な集団を作ろうとする生物学的指令もしくは命令は、広範囲にわたる多様な社会的、政治的設定として結実しうるというところにある。ここまで述べてきたことから、私たちが生まれ落ちた社会システムを、それ自身社会的構成物として記述しなければならないことは明らかである。

政治的に構成された環境が個人に与える影響

社会的構成主義は、人々の心理的構成に特定のしかたで影響を与える社会的、政治的に作り出された環境的な要因を説明するためにしばしば持ち出される語である。そのような要因は、もちろん、個人の育ちの部分、環境の一つの側面として記述することができる。

社会的構成物がいかに個人の心に影響を与えうるのかを例示するため、自分たちとは異なる集団の人々に対する、個人的な態度とか信念が形成されるしかたを考えてみよう。同性愛、民族的背景や性や宗教を異にする人々、婚外性交とその子ども、そういったものに対する態度は、一般的に――少なくとも建前上は――一世紀前に比べるとずいぶん開けたものになった。しかしこの相対的に開かれた態度は、私たち全員がある日目覚めてより建設的な態度をとるようになったために起こったのではない。(もちろん、多くの人々が個人的には態度を変えようという意志を持っていないなどと、筆者は言っているのではない。)それはとりわけ、性的差別、人種的差別を禁止する法律の導入と、政治的政策によって起こった。そのような政治的な運動によって、一連の異なる価値観と態度が構成され、いわば異なる「世界」がもたらされたのである。自明のことであるが、私たちの心の非常に重要な部分――私たちの意見とか信念――は、私たちが生まれ、その中で生活している特定の環境の範囲内で認められ、推進されることの結果なのである。

歴史的要因は、国民全体の精神に影響を与えることができるか

ある人間が生まれた特定の歴史的時点もまた、その精神構造を形作り、行動を左右するということができる。この劇的な一例は、1970年代初期のドイツにおける、いわゆるバーダー・マインホフ・グループのテロ活動である（たとえば、Becker, 1977を参照）。この政治グループは、その名前を二人の若い活動家、アンドレアス・バーダーとウルリケ・マインホフから取っている。もし今日あなたが人々に自分の国に対するテロ活動を支持するかどうかと尋ねたなら、多分そのような暴力的行為は間違っていて破壊的で、究極的には無益であると答える可能性が大であろう。しかし当時のドイツのほとんどの若者たちは、バーダー・マインホフ・グループの活動にいくらかの共感を抱いていた。活動家自身は、確かに自分たちのやっていることに確信を持っていた。彼らのやっていたことは、軍の基地やショッピング・ビルや新聞社やその他の攻撃目標への、爆弾攻撃を含むものであったのだが。彼らはまた、運動資金を得るために、銀行強盗を含むさまざまな犯罪行為に走った。

いったいなぜ、そのような活動がそれほど多くの支持を得たのだろうか。このバーダー・マインホフ現象に対する一つの精神分析的な説明は、これらのテロリストたちは、彼らの「父なる国」を攻撃すること

によって、象徴的に彼ら自身の父親たちを攻撃しているのだ、というものである。この象徴的攻撃は、第二次世界大戦時に彼ら自身の父親たちが犯した残虐行為の罪悪感によって――意識的に無意識に――突き動かされていた。この罪悪感はまた、１９４５年の終戦以来西ドイツが繁栄してきたという事実に対する、困惑と恥の感情によってさらに刺激された。実際、西ドイツは、いわゆる「経済的奇蹟」を経験していたのだった。このように若者たちの感情は、ドイツは資格なく繁栄を享受しており、おぞましい最近の過去にもかかわらず豊かになった、というものであった。この心理学的な説明は、国全体の若者（あるいは少なくともその**大半**）の精神が、彼らが生まれた歴史的な時点によって形成されるという強力な主張となっている。これはもちろん、環境決定論の強力な例となるだろう。

生まれつきが育ちによって剪定される例

行動が、いかに社会的に構成された環境の影響に従っているかを明らかにするために、もう一つの例をあげよう。考えてみれば、女性が出産のとき身体を垂直の姿勢にすることには、重力面で明らかに有利な点があり、これを示唆する医学的証拠もある（Russell, 1982）。さらに、そのような姿勢が長い間広く行なわれていたことを示唆する、歴史的な証拠もある。それではなぜ、ほとんどの西洋の女性は、出産時に仰向けの姿勢をとるのであろうか。答えは、西洋文化では、単にそれが女性が出産時にとるべき姿勢として期待されているから、というものである。これはまさに、社会的構成主義の端的な実例である。なぜならば、女性が生まれた地理的な場所と歴史的な時代が、彼女の出産時の姿勢に影響を与えうる、ということが明らかだからである。生まれか育ちかの議論に関しては、これは、より自然な出産姿勢が、単なる文化的期待によって棚上げにされ、「剪定された（nurtured out）」、明らかな例である。

言語と思考

私たち人間が、生物学的に、「自然言語」に同調するように前もってプログラムされていることは疑えない。ここで自然言語という用語は、コンピューター・プログラマーや数学者や作曲家によって使われる言語とは違って、日常的な会話で用いられる言語を指している。自然言語を使用することこそは、私たち人間を特別な存在にしている主たる特徴と考えることができる。もちろん、他の動物も情報や意思をお互いに伝達することができるが、そのやり方はかなり限られているし、定型化されているのがふつうである。私たち人間の言語獲得の生まれついての能力が、独自性ある文章だの小説だのの、無限の数に至る創造を可能にしているのである。さらに、これらの文章がまた、無限の数の創案や概念を伝える。これは重要な点である。なぜならこのことは、子どもはこれまでに聞いたこともない文章を理解する能力を発達させるように、前もってプログラムされているということを、意味しているからである。このことは、言語能力を獲得するためには、単なる模倣とか強化とかいったもの以上の何かが存在しているに違いない、ということを意味している。したがってこれは、言語獲得に関する論争において、「生まれ」の側の陣営の強力な主張となる。

文法の規則の発見——生まれつきの役割

これに対し、スキナーの環境主義は——これは手厳しく批判されたが——言語は完全に学習されるものであり、それゆえ生まれつきよりは育ちの結果であると主張する。しかしながら、どんなにスキナーが育ちを強調しても、その限界は明らかである。なるほど、子どもは言葉と対象とを正しく結びつけることによって、賞賛という報酬を得ることができる。しかし、これは言語を実際に獲得することに関しては些細な側面にすぎない。たとえば子どもは、文法規則の何たるかを正式に教えられることなく、自発的に文法の規則を使うことができる。実際、子どもたちは、そういった規則を過剰に使うのがふつうである。そうするなかで、子どもは「誤り」も示すが、この事実はむしろ、文法規則が獲得されていることを強調するものとなっている。たとえば、子どもは"I did that yesterday"でなく、"I doed that yesterday"と言うかもしれない。そのような誤りは、規則に対するこの特別な例外が、この子どもの言語知識にまだ組み入れられていないということを示している。例外は、実際に強化と模倣——育ち——によって学ばれるのだと言えよう。しかし、子どもには特定の言語の規則が実際にどういうものであるかを自発的に発見する、生まれつきの能力が備わっている。言うまでもなく、この例の場合、獲得された規則は、過去時制を作るためには動詞に"ed"を付け加えるというものである。たとえば"I play"は"I played"になる。この例外、I do の過去時制は I did であるということは、学習される必要があるのだ。

言語——育ちの役割

それにしても、育ちの陣営の主張の関心事は、子どもが現実に接している実際の言語にあるのではないだろうか。言語と思考の関係についての議論のなかで、哲学者のヴィトゲンシュタイン（L. Wittgenstein）は、私たちが考えることができるのは、そしてまた実際考えるのは、言語を通してのみであると提唱している。彼は、個人の「世界」の限界は、その人が獲得した特定の言語の限界によって決定されている、と言う。一つの例として、英語で“I am going to be away for a long time.”（私は長い間留守にする予定です）と言うとき、時間的な概念と［長いという］空間的な概念が混合されている、ということがある。時間は、空間的かつ直線のような性質を備えたものとして経験される。言い換えれば時間は、私たちが旅をしていく道であるかのように感じられ、考えられる。たとえば、自分自身の個人史を話すなかで時間の流れについて言及するとき、しばしば「人生は旅である」という表現が使われる。

論理的に言って、時間について空間的な言葉では話さない言語の使用者は、時間を違ったしかたで経験するだろう、と推測できる。もう一つの例として、英語には雪を表す単語が、slush（雪解け）、blizzard（暴風雪）といった言葉を入れても非常に少ないということがある。これに対して、雪はエスキモー［イヌイット民族］の生活のきわめて重要な面である。彼らには、雪解け、固まった雪、薄片状の雪、吹きだまりの雪などといった違いを一語で区別できる、20以上の異なった語がある。つまり、20以上の異なった種類の雪について話すのだから、実際に20以上の異なった種類の雪を経験していることになる。これはつまり、知覚過程は言語によって導かれるがゆえに、これら異なった名で呼ばれる雪が、異なった種類の雪として知覚されるのである、ということである。言語と概念は、直接的に結びついているのだ。ヴィトゲンシュタインなら、言語におけるそのような違いが、世界の知覚され方の違いに影響を与えていると主張するだろう。ここまで来ると、言語と思考あるいは知覚は、単に結びついているだけではない。言語は思考なのである。生まれか育ちか論争の文脈で言えば、個人が接している特定の言語が、その人が世界を経験し知覚する様式を決定するであろう、という仮説が、ここで提起されているのである。

ここで論じた「育ち」側の議論は、しばしば、「言語相対性（linguistic relativity）」として述べられるものである。けれども、この、言語は思考であるという説に対する一つの反論は、もし言語なくしては思考がありえないとすれば、そもそも子どもは最初にどのようにして言語を獲得するのかが謎になってしまうと思われることである。この説は、子どもは最初の最初から、聡明にも言語と相互作用をし言語を理解するという当然の事実を、無視しているように見える。確かに、言葉なくしては私たちは自分の考えや意見を述べることはできないし、概念を伝えることもできない。けれども、論理的に言えば、言葉なくして心的な生活はまったく存在しえないということにはならない。たとえば、思考することに関与する他の「候補」としては、視覚心像などの使用が考えられる。

この論争の育ちの側面に関して言えば、赤ん坊の研究が、成長中の子どもが接している実際の言語の重要性を際立たせることとなった。たとえばゴスワミ（Goswami, 2000）は、特定の言語に接していることが実際に脳を変えるということを示す研究について報告している。だいたい生後10ヶ月で、日本の赤ん坊は、

lake と rake の音の間の違いを区別することができなくなる。生後7ヶ月では、同じ赤ん坊が困難を感じないのに。これは、日本語で重要な音の型に同調するような様式で、脳が発達するためである。英語を話す赤ん坊の脳は、明らかに、右の音の違いを識別できるように「配線」されるようなしかたで、成熟するのだ。英語では、この区別は重要だからである。このように赤ん坊は、実際に接するどんな言語にでも同調させることができるような生まれつきの能力を備えた脳を持って、生まれてくるのである。ここでは特定の言語それ自体は、脳の生まれつきの「柔軟性（可塑性）」と相互作用をする環境的な要因――育ち――である、と言うことができる。なお、この可塑性（plasticity）という語は、特定の環境に適応するために脳が形成される、もしくは変化させられることができるという、潜在能力を述べるのに使われる。

以上述べた例は、言語獲得に関して、生まれと育ちの両方の重要性を示す良い例である。ここで明らかなことは、遺伝と環境の間に**相互作用**が起こっているという事実である。この例で強調されているのは、脳の特定の環境への順応性である。

◆――本能 対 学習――動物行動学の研究

氏か育ちかの論争は必然的に、行動がどの程度まで、学習の反対概念としての本能によって起こるかという考察を呼び起こす。これまで心理学者たちは、二つの主要な方法で動物の行動を研究してきた。すなわち、行動主義者たちは、主として実験室という条件下でラットやハトの実験をしたのに対し、動物行動学の研究は、自然の生息地での動物の観察を行なった。動物行動学のそのような自然的観察によって、生得的に組み込まれた本能の強力な役割がはっきりと例示された、劇的な行動の例が発見されている。たとえば、特定の刺激が、自動的に定型化された行動的反応を引き起こすということが知られた。このような刺激‐反応の関係はきわめて単純でありうる。たとえばトゲウオの赤い下腹は、もう一尾のトゲウオに縄張り防衛的な行動を起こさせる、視覚的な刺激である。また、幼いセグロカモメが親のくちばしをつつくと、親鳥は、集めてきた食物を吐き戻すという行動を自動的に起こす。

他の反応はもっと複雑で、「固定的行動パターン」と言われているが、それは、この反応にあっては常に同じ行動がとられるからである。常に同じ形態と順序をとり、その行動が一度始められると、「発射された銃弾のように」最初から最後まで全部の行動連鎖に従い、途中で中断できないので、「弾道的」であると言われる。氏か育ちかの論争にとって重要なことは、そのような行動は、特定の動物個体の特定の経験とは無関係に、その個体が属する特定の種のメンバーすべてに普遍的に存在しているという事実である。したがって、孤立した状況で育てられた動物でさえ、そのような行動を示す。これが意味するところは、その行動は学習されたものではなく、あらかじめプログラムされた本能であるということである。

ある昆虫、たとえばジガバチは、食べ物を地下の巣に持ち帰るとき、それをちょうど入り口の前に置く。最初昆虫は、ちゃんと通路があるということを確認するために巣まで降りていき、それから再び地上に現れて食べ物を集め、巣まで持って降りる。研究者たちはこの一連の行動がいかに融通が利かないものかを証明するために、昆虫が巣の通路を調べている間に、食べ物を巣の入り口から少し離れたところに後退させた。こうしたあとで昆虫が再び現れると、食べ物を元の位置まで引っ張っていき、再び通路の「確認」に降りていき、また食べ物を集めるために現れる。もし研究者が食べ物を繰り返し巣の入り口から引き離したら、この昆虫は、一連の行動を飽くことなく厳密に繰り返すという行動の循環に捕らえられて、永久に解放されることがなくなってしまうだろう。

生まれと育ちの相互作用の例

しかしながら、このような行動がどんなに見事に前もってプログラムされていても、それはまたしばしば、経験によって媒介されてもいる。それゆえ、生まれか育ちかの問題は、このような本能によって起こされる行動の例が最初示唆するよりは、もっと複雑である。たとえば、鳥や昆虫の巣作りは、きわめて複雑な一連の巣作り行動を必要とする。模倣による学習が役割を果たしている可能性を検討するのには、孤立した環境で飼育するのも一つの方法である。グールドとグールド（Gould and Gould, 1998）は、次のことを発見した。

……孤立して育てられた個体は、それにもかかわらず巣作りに適した場所を選び、適切な材料を集め、野生で育てられた同じ種の個体が作る巣と同じ種類の形の巣を作る。確かに、巣作りは練習によって上達し、経験が場所の選択に有利に働いた。だが基本的な要素は、動物が仕事に取りかかる前から機能している。実際、私たちに感銘を与える複雑で適応的な種類の行動が、生まれつきに違いないタイプの行動ということがありうるのである。それは単純に、彼らはゼロから学ぶことはできないからである。(Gould and Gould, 1998)

遺伝と環境の間にはしばしば相互作用があるという説の一つの例は、小鳥がお互いに危険を知らせる信号を発するという事実を扱った実験的な研究に見いだされる。小鳥は補食動物がいそうだと、お互いに警告の鳴き声を発して注意を喚起しあう。そのような警告の鳴き声を発すること、受けることは生得的なものと見なされているが、実験室場面で、適応と学習の要素が発見されている。これは小鳥を、補食動物ではなく中立的な対象物が身近に存在しているとき、他の小鳥からの警告の信号にさらすことによって行なわれた。中立的な対象物とは、空の食器洗い液の瓶といった、何ら脅える必要のない物体である。このやり方で小鳥は、害のない対象に対して「脅えることを学習する」ということが可能なのである。これは、(古典的な条件づけによって)本能と結びつけられた連合学習のはっきりした例である。

思考

もし、ある動物の目標指向的行動が本当に思考とか計画とかを含んでいる、と言うのであれば、それをそのような行動として分類するための要件は何であろうか。そう、もし動物の問題解決の行動が、何か学習とか模倣とか試行錯誤とかいったもの(論争の「育ち」の側面)を通しての経験以上のものであると同時に、あらかじめプログラムされた本能(「生まれ」の側面)以上のものの結果であるように見えるならば、動物は目標を達成するために思考を使っているのだと論じることができるだろう。人間が自由意志という感覚を抱いたり、少なくとも純粋に本能的な方法で反応することや条件づけの結果として行動することから自由であると感じるのは、この思考という能力を通してであると言えるだろう。

ヒト以下の種が実際に何かを行なう前にものごとを考えることによって目的を達成したり問題を解決することができるという説は、ケーラー（Köhler, 1925）に始まる。彼は、チンパンジーが洞察力と見なされるようなものを発揮しているように見えるのを観察した。チンパンジーは、問題に対して新しい独自の解決方法を生み出しているように見えた。たとえば、檻のあちこちにある棒をつないで、手の届かないところにあるバナナを何とかして取ることができた。彼らは、手の届かない所に吊り下っている果物の下に箱を引っ張ってきて、その箱の上に立って果物に届くことができた。彼らの発揮するこの突然の洞察力は、最初は感銘を与えたが、ケーラーの観察はチンパンジーの野生状態での以前の生活史が知られていないため、批判された。たとえば、彼らはすでに野生の生活のなかで試行錯誤によって、このような問題に対してそのような解決策をとることを学習していたのかもしれないと、論じることが可能だろう。

◆——健康の問題にとっての意義

氏か育ちかの論争は、一般医学と精神医学の双方の分野で、専門家たちの中心的関心事である。たとえば最近の研究によって示唆された主要な結果に（Lichtenstein, 2000）、遺伝的性質よりも環境の方が大多数の癌発生の主要な決定要因である、というものがある。8万9000組以上の双子の病歴に基づいた研究によって、遺伝的要因と、一般的な生活習慣とか食事、喫煙などの環境的要因の、相対的な寄与率が示された。**一卵性**双生児と**二卵性**双生児の比較は、生まれか育ちかの問題を研究するためのほぼ理想的な方法であると見なされている。一卵性双生児はまったく同じ遺伝子を持っているのに対し、二卵性双生児はそうではない。リヒテンシュタインの研究では、まず、すべての癌は癌細胞の発達を引き起こすDNAの欠陥が引き金となるので、基本的に遺伝的なものであると主張される。ただし、さまざまな種類の癌へのかかりやすさは遺伝的に決定されているが、実際に癌が発生するかどうかを究極的に決定するのは、さまざまな環境的要因の影響と、本人の行動様式——喫煙、飲酒、運動不足など——である。特定の癌の発生に関して、双子の間で比較的一致度が低いことが、この研究では報告されている。つまり、この結果は、「生まれ」によって癌の発生が導かれるとはいえ、適正な「育ち」によって避けることができるということを意味しているのである。

◆——精神医学にとっての意義

精神医学では、しばしば、統合失調症〔訳注 schizophrenia 精神分裂病という病名が長い間使われてきたが、2002年度に変更になった〕が、生まれか育ちか論争の焦点となってきた。癌の発生に関する右の例と同じように、論争の「生まれ」の陣営は、統合失調症は元来遺伝的なものに違いないと主張する。しかしながら実際の発病は、癌の場合と同様に、環境的要因が引き金となるのかもしれない。実際、**脆弱性ストレスアプローチ**によると、日常生活においてストレスを避けることは最終的に統合失調症を引き起こすのを防ぐ役に立つであろうという。もしこの説が本当ならば、この破壊的な障害と闘うための賢明な対処法は、理想的にはまず、統合失調症の遺伝子を確定することであろう。そのような検査法が確立すれば、検査によって、潜在的な患者は生活において極端なストレスとなることを避けるように努めるよう忠告し、援助することができるだろう。

精神医学における生まれか育ちかの論争を歴史的に見るならば、この論争がしばしば政治的目的に「乗っ取られ」てきたという事実に焦点をあてなければならない。いわゆる「反精神医学者」のレインの著作では、統合失調症の病因学における環境的要因が強調される。彼は精神疾患は社会的に構成されたものだと提唱したので、その著作はとりわけ本質的に政治的なものとなった。手短かに言うと、彼は精神科医と患者の間の関係は一種の儀式であって、そこでは患者は、社会が一般に受け入れられないと見なす思考や感情や行動を「摘み取られる」べき対象であり、そのために患者の苦痛はますます悪化してしまうと考えた。

……精神医学はきわめてたやすく洗脳の技術、順応した行動へと誘導する技術となってしまう……最もましな病院では、拘束服が廃止され、扉の錠ははずされ、ロボトミー（前頭葉切除手術）は概して差し控えられているが、患者の内面にベツレヘム精神病院［訳注　ベツレヘム聖マリア慈善病院。ロンドンにあった世界初の精神病院の一つ」の格子を立て、ドアの鍵をかける、より巧妙なロボトミーや鎮静剤に取って代わられているだけである。それゆえ私は、「正常」で「適応的」な状態というのは、あまりにもしばしば、私たちの真の潜在的可能性を裏切り、陶酔の断念といったことになりがちなことを強調したい……（Laing, 1967, p.12）

統合失調症――家族環境の影響についての研究

かくしてレインは、遺伝よりはむしろ環境的要因を、いわゆる精神の病気にとって中心的なものとして強調したのだった。第一にレインは、右述の引用でもそうだが著作のいたるところで（たとえば『経験の政治学』）、正常の概念は何よりもまず社会的に構成されたものだと強調した。第二に、統合失調症の家族というミクロな環境が患者の状態に責任があるかもしれないと論じた。『狂気と家族』（1970）には、11人の統合失調症患者の近親者とのインタビューの報告が載っている。この報告ではこれらの家族は、「統合失調症を作る家族（schizogenic）」として提示されている。つまり、個人の統合失調症は、近親者のなかで起きている狂気の状態に対処するための反応、あるいは方法として理解できる、ということである。狂気は患者の視点からすれば意味がある、というこの主張に合わせて、レインは、『引き裂かれた心』（1959）のなかで、彼自身の統合失調症の患者の言動を、無意味でなく意味があるものとして扱った。けれども、今日の精神医学は、レインのどちらかといえば極端な環境主義の主張を、あまり真剣には受け止めていないと言えるだろう。すべての統合失調症患者の家族のなかで実際に精神を惑乱させるようなことが起きているかどうかを確証するために、「健全な」家族の対照群をレインは調査したわけではないのだ。それゆえ、彼の報告で実際に何かが証明されたかどうかは、議論の余地のあるところである〔訳注　E・F・トーリーは『分裂病がわかる本』（南光進一郎他監訳、日本評論社　1997）で、統合失調症は心因性ではなく、患者の3分の2は家族歴に無関係に発病している等、レインの説を批判している〕。それに加えて双生児研究では（たとえば Shields, 1978）、統合失調症と遺伝子の結びつきが支持される傾向がある。双子の両方がこの病気を発症する一致率は、生物学的主張の予測通りに、一卵性双生児の場合は高く二卵性双生児の場合はより低い。しかしこのような研究には、（子宮内条件も含む）双子の環境は似ているので、育ちの要素が重要な要因でありうるという明らかな批判がある。

吃音は生まれつきか

当然なことであるが、精神医学における氏か育ちかの論争は、統合失調症に限られたことではない。たとえば吃音障害（どもり）は、人口の大多数は無縁なのに、なぜごく少数の人々だけに発生するのだろうか。脳の異常というより心理学的な要因がこの障害の決定要因であるということがしばしば示唆されてきた。しかし最近、吃音障害の人間以外版を呈していると思われる何羽かの小鳥が発見された（Rosenfield, 2000）。ごく少数だがキンカチョウが、正常な歌の小節の一部を、繰り返したりつまったりするということが、発見されたのだ。この証拠は、基本的な原因として脳の異常の可能性を示していると言えそうである。だが統合失調症の原因を判定する場合と同様に、この場合も、実際に生まれと育ちのそれぞれ別個の影響を抽出することがこみいった問題であることは明らかである。たとえ、「吃音の」キンカチョウに脳の異常が発見されたとしても、この異常が本来的に遺伝的なものなのか、それともまだ知られていない環境的要因によって何らかのしかたで引き起こされたものなのかが、これから取り組まれなければならない問題として残るのである。

◆―知　能

双生児研究

一卵性双生児と二卵性双生児の比較は、統合失調症についての氏か育ちかの論争の場合と同じく、個々人の知能に対する遺伝的要因と環境的要因の相対的な影響を測定する明晰な方法のように思える。「生まれ」の方の陣営の主張に従えば、ＩＱ得点の相関関係は、一卵性双生児の組のグループの方が二卵性双生児のグループよりも高い、ということになるだろう。同様に、もし「育ち」の陣営の主張に従えば、別々に育てられ異なった環境で発達した一卵性双生児の方が、同じ環境で一緒に育てられた一卵性双生児よりも、得点の相関関係が低いことになるだろう。実際には双生児研究は、遺伝と環境の両方の重要性を示す傾向がある。

それにしてもそのような研究は、方法論的な疑問を生じさせる。双子が同居しているとして、その環境のなかで何が実際に似ているのだろうか。どうやって二人が同一に取り扱われ、同じ経験をしているなどということを確かめることができるだろうか。同一の環境である、などと言うことは、そもそも可能なのだろうか。ただ単に双子が同じ屋根の下に住んでいるということを指摘するだけでは、二人とも太陽から約９０００万マイル離れたところにいるということを指摘するようなものだと見なされかねないだろう。つまり、ここで強調されている「同一性」は、必ずしも重要でも適切なものでもないかもしれないのだ。方法論的な批判は、異なった環境で育てられた双子を観察していると主張する研究に対しても、同じようになされうる。なぜなら、双子が９ヶ月間同じ子宮に同居していたという重要な事実を、無視しているからである。

人種と知能

ある国民のなかの識別可能な集団の間で、ＩＱの平均得点が相違しているのを見いだすことは、めずらしいことではない。たとえばほとんどのアメリカの計量心理学（心理測定学）のテキストには（たとえばGregory, 1966: Kaplan and Saccuzzo, 1999）、白人アメリカ人群とアフリカ系アメリカ人群の平均得点の間に、およそ1**標準偏差**分の差があるという引用が載っている。そのような差があるということは、低得点群のたった約16%のみが高得点群の平均値以上の得点である、ということを意味している。さて、一見したところこれは、「生まれ」陣営の主張を強く支持するように思われる。けれども、ここには、考慮されねばならない環境要因の複雑さがある。つまり、こういうことである。

もしそのようなテストが雇用選抜の目的で使われるならば、低得点群に不利な影響を与える可能性があることは明らかである。簡単に言えば、このグループの大多数の人々に対する組織的な排除が起こるだろう。そしてそれはこのグループの低所得を結果し、それは今度はそのグループの物質的豊かさにマイナスの影響を与える。言うまでもなくこれは、このグループの人々の生活圏の物質的環境の質を決定する。もし育ちが、つまり環境が、結果としてＩＱに影響を与えるならば、これは明白な循環論になってしまう。高得点群は環境の面でも継続的に豊かになるということが予測されるので、もし環境が知能の発育に重要であるとするならば、このグループは明らかに有利となる。単純に遺伝的次元の問題と見えたものは、社会学的な次元における「自己成就」のシステムなのである［訳注　ＩＱが低いと見なされたことが、実際にＩＱを低くしてしまうというしくみ］。

◆──知　覚

生まれつきで発達する知覚能力と環境が及ぼす影響の相互作用を見つけ出そうという努力にとって、比較文化的な研究や、ヒト幼児や動物の視覚能力の研究はその重要な一環である。しかしながら、幼児の視覚世界の研究では、研究者は、子どもが見ているもの、知覚しているものを推測せねばならないことは明らかなので、方法論的な難しさがある。そのための技術としては、子どもがおしゃぶりを吸う時の「通常」

または「基準」の速度を、参照値に用いるということがある。何か新奇な視覚刺激を見せられたとき、子どもの吸う速度は、より速く、もしくはより遅く変化する傾向がある。この変化によって、子どもが実際に視界のなかの変化に気づいたと、推測することができる。つまり、その子どもは、刺激の違いを弁別することができたのである。

古典的条件づけの技術も、子どもと動物に適用されてきた。これは、ある特定の視覚的刺激と反射的反応を引き起こすような何かを、反復して組み合わせるものである。たとえば、子どもや動物を、この組み合わせの反復にさらしたとしよう。ここで特定の刺激は、赤い三角形といった大きくて色の付いた幾何学的な形であったとする。この刺激が幼児や動物に提示される。この刺激が示されるのとまったく同時に、反射的反応を起こすような何かもまた幼児か動物に与えられる。たとえば幼児か動物の目に空気を一吹きすると、反射的に瞬きを引き起こす。赤い三角形＋空気の一吹き、というこの手順が、視覚的刺激だけで反射的反応が引き起こされるようになるまで繰り返される。そうした後に、何か異なった刺激（たとえば、少し小さい赤い三角形）を与える。そのときに条件反射反応が起こらなければ、その子どもや動物は、二つの刺激の間の違いを弁別することができる、と推測することができる。霊長類の動物における大きさの恒常性は、実際にこのような方法で研究されてきた［訳注　大きさの恒常性とは、たとえば自分の手のひらをすぐ目の前で見てもできるだけ離して見ても、網膜上の像の大きさは異なるはずなのに大きさが変わったようには感じられない。このように、対象の大きさが近くで見ても遠くに見ても一定に感じられることを言う］。

錯視（視覚的錯覚）の現象もまた、知覚に対する学習と経験の影響について何らかの手がかりを与えて

図6-1　あいまい図形

くれる。錯覚や、「盲視」と言われる現象については、次の節で説明する。そこではまた、動物を用いた研究についてもコメントする予定である。

視覚的錯覚

知覚の働きについての洞察を与えてくれる、多くのよく知られた錯視がある。上のあいまい図形（図6-1）は、花瓶とも二人の人の横顔とも、どちらにでも知覚することができるが、ミラー（Miller, 1983, p.51）は、「もしも、火星人の世界があって、彼らは実際にそのような形の横顔を持った種族を見たことがなく、しかも巧みな花瓶製造者であるとするならば、火星人たちは、私たちがなぜこれが錯視図形であると見なすのか、全然理解できないであろう。彼らはただ花瓶を見るだけであろう」と考察している。

氏か育ちかの論争に関して言えば、明らかにこの例から、視覚システムが特定の様式で対象を知覚するよう

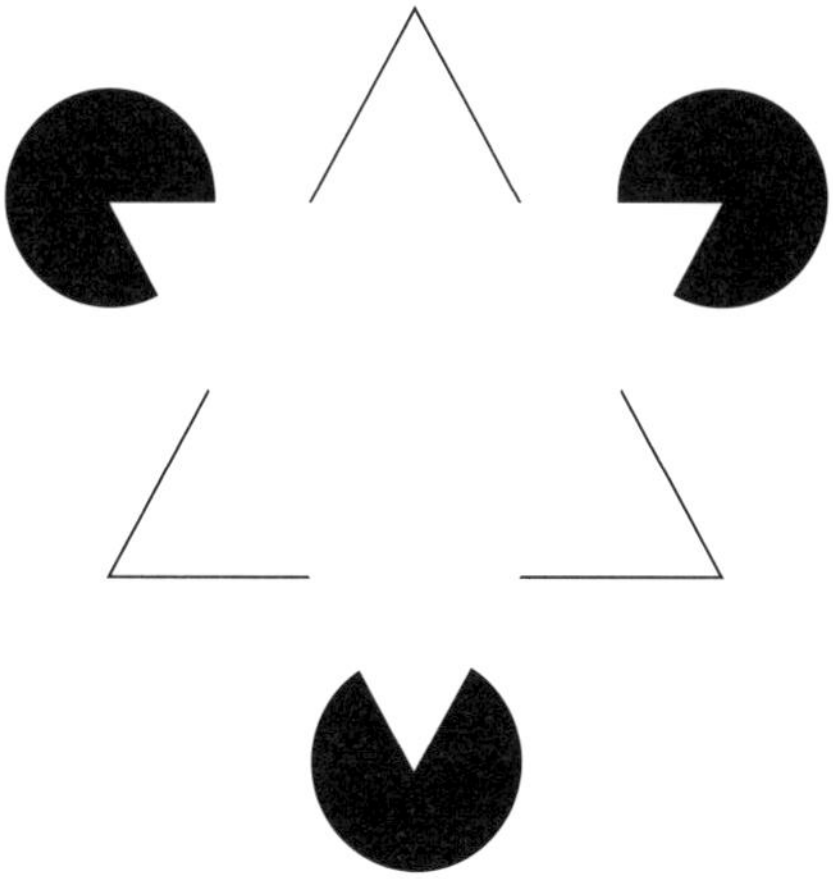

図6-2　カニッツァの三角形

「同調」することには、環境に責任があるように思われる。ミラーの、あいまい図形に対する疑いは当然である。火星人は人間のような顔を見ない環境に住んでいるであろうから、彼らの知覚システムはこれをまったくあいまいだとは見なさないだろう。

同じような話をもう一つ。図6-2はバラバラな要素の寄せ集めであるが、そのように知覚されることはありそうにない。雑多な視覚的断片群として解釈するよりは、私たちはほとんど不可避的に、これを三つの黒い円と二つの三角形と知覚してしまう。火星人が図6-1をどのように知覚するであろうかについてミラーが想像をめぐらせたのと同じように、円とか三角形とかの幾何学的な形状が存在しない文化というようなものがもしあると仮定すれば、実際に知覚されるのは、まさしくこの奇妙な要素の集合であるだろう。この考え方の延長に、世界には、ミュラー＝リヤー錯視（図6-3）の度合いが少ない人々が見いだされるが、それは彼らが、より「工作」

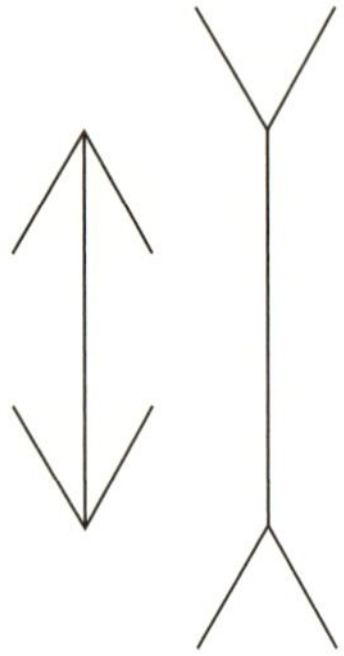

図6-3　ミュラー＝リヤー錯視

図6-4　過去の経験に基づく期待の影響。この有名な歌のフレーズは，実際には何と言っている？

されることの少ない環境に住んでいるという事実によるという指摘がある。ここでも議論は、環境と過去の視覚的経験の重要さを強調することになる。図6-4はふつう、誤って"Paris in the spring"と読まれるだろう。これはまったく単純に、文章は通常、意味があるものだということを経験によって教えられているからである。したがって読者はふつう、重複する"the"という単語を、削除して読んでしまう傾向がある。

ヒトについての研究

ヴァイスクランツ（Weiskrants, 1986）の盲視の研究によって、視皮質の生物学的損傷——たとえば負傷とか脳卒中――を受けた患者のなかには、視野の一定部分の視覚的刺激を意識的に認知できないにもかかわらず、あたかも脳の他の部分でその情報を処理しているかのように振る舞う人がいることがわかった。この現象が「盲視」と呼ばれるのは、そういう理由からである。さらに、中脳に伸びてそこで終わっている、視覚システムのもっと下位領域への損傷は、「視覚的無視（visual neglect）」という用語で表される現象をもたらすことがあることが知られている。そのような人の報告によれば、視覚的刺激は意識的に見えるという。けれども、そのような刺激はあたかも何の重要性もないかのように、軽視あるいは無視されるのである。健康ならどんな動物でも、生き残りの目的のために環境に現れる刺激に注意し反応するだろう。これらの「盲視」と「視覚的無視」の臨床事例は、知覚に関する生まれか育ちかの論争についていえば、生まれの側の重要性を主張する結果となっている。なぜなら動物は、正常な機能を発達させるためには、視覚システムが無傷であることが必要だということだから。ヴァイスクランツの患者に特定の視覚的な問題があるのは、視覚システムが完全ではないという事実の、直接の結果なのである。

けれども、どんな動物にとっても、正常に視覚的知覚力が発達するためには、それとの関連のなかで「育ち」の側も機能しなければならない。次の節では、この育ちの側の影響を取り出すために、動物の視覚的環境を操作する実験の要点を述べよう。

動物の研究

ヴァイスクランツは視覚システムを偶然損傷した人を被験者として研究した。しかしながら、生まれの影響から育ちの影響を区別するために視覚的環境の質に介入する研究には、通常動物を用いる。たとえばブレイクモアとクーパー（Blakemore and Cooper, 1970）は、視覚システムが適切に機能するのは、生まれと育ちの相互作用の結果に違いないということを、実験によって示した。単に健康で無傷の視覚システムを備えているというだけでは、十分ではないのだ。環境もまた、健全でなければならない。理想的にはそれは、生まれが提供してくれたものを十分に発達させる、豊かで刺激的な養育環境でなければならない。

これを例示するために、ブレイクモアとクーパーは、子ネコを、知覚能力が十分健康に発達するようには育てることのできないような環境においた。子ネコたちは生まれてからずっと、毎日数時間、何匹かずつ、縦縞の描かれたドラム缶に入れられるときを除いては、真っ暗な所で育てられた。この刺激の欠如の結果として、つまりこのような育ちの結果として、その後子ネコたちは、縦方向の刺激に対しては正常に反応するけれども、横方向の刺激に対しては「盲目」となることを研究者たちは発見した。他方、子ネコたちの第2群は横の線だけにさらされて育てられたが、彼らは縦の刺激に対して盲目になるようであった。加えて、研究者たちは、微小電極法を用いて視皮質の細胞を調べたところ、子ネコの2群のそれぞれで、横線あるいは縦線の光に反応して発火する細胞を見いだすことができなかったのだった。「視覚的錯覚」の節で述べたミラーの火星人の話の場合と同様、ここでも環境（育ち）が、生まれつき備わったものに影響を与えている。ブレイクモアとクーパーによるこの研究については、付章（論文1）でさらに詳しく述べる。

◆──まとめ

この章では、いくつかの異なる領域に関わる心理学上の根本的な論争を扱った。ここで考察した領域は、知覚、知能、精神医学、そして言語と思考の関係である。発達心理学も必然的にこの論争の一部分をなす。なぜなら、発達心理学は、子どもが成長するとき通過する「健常な」心理学的段階を研究することに、とりわけて関心があるからである。例をあげれば、心理学者ピアジェは、発達で通過していく段階は「生まれ」によって決定されると提案した。なぜなら、すべての子どもが同じ順序で、おおよそ同じ年齢で、特定の発達段階を経ていくからである。もちろん、論争の環境側陣営の主張についても考慮する必要がある。また、発達心理学者たちは、環境（育ち）の改善が子どもたちの潜在能力と心理的発達とをいかにしたら最大限展開できるかの問題にも関心を持っている。

読書案内

Gregory, R. L.（1966）*Eye and Brain*, London: Weidenfekd & Nicolson.（『脳と視覚――グレゴリーの視覚心理学』近藤倫明・中溝幸夫・三浦佳世訳（2001）ブレーン出版）視覚的知覚の生まれつきの側面と学習の側面に関してさらに役に立つ情報を与えてくれる、人気のテキスト。

Laing, R. D.（1965）*The Politics of Experience and the Bird of Paradise*, London: Penguin（1990）.（『経験の政治学』笠原嘉・塚本嘉壽訳（1973）みすず書房）

Laing, R. D. and Esterson, A.（1970）*Sanity, Madness and the Family*, London: Penguin（1990）.（『狂気と家族』笠原嘉・辻和子共訳（1972）みすず書房）このテキストには、統合失調症患者の家族環境に関する11の事例研究が載っている。ここでレインと共著者は、統合失調症の症状を発達させるのは、生物学的あるいは遺伝的要因よりは、その人の育った環境であるという主張を確立しようとしている。

Gross, R. D.（1995）*Themes, Issues & Debates in Psychology*, London: Hodder & Stoughton. Chapte 5: 'Heredity and environment'は、心理学の勉強に適した、明晰に書かれたテキストである。

第7章 行動主義

◆行動主義と心理学

心理学は、心（あるいは心的（mental）過程）と行動の研究であると、しばしば説明される。実際、多くの一般的な心理学の教科書には、この学問の全領域を強調するために、意図的にそのような副題がつけられている。しかしながら心的過程は、公然と観察できる行動に比べて容易には観察できない。心的過程は、私的（private）な出来事である。もっとも、私たちの頭のなかで進行している活動については、「出来事」といったような言葉は、ふつうは避ける傾向がある。生物学的な水準では、これらは「生物学的過程」と名づけられよう。私的意識の水準では、これらは「経験」と名づけられるかもしれない。

私的な出来事に対して公共的（public）な出来事とは、物理的世界のなかで起こり、他人によって観察されうるものである。心の諸活動は私的なものである。だから、これらの活動を経験している人によってのみ、考察されうる。もちろんそれらを、他人に報告することはできる。しかしこれらの内観的な報告は、常に信頼できるとも、正確であるとも限らない。（たとえば第2章の催眠（状態）に関する例を参照。）

◆私的な経験と公共的な行動

この心理学の本を読みながら、読者は多くのさまざまなことを私的に経験するだろう。「なぜこの著者はさっさと要点に触れないのだろう」というようにいらだちとか、「ここに書いてあることは前に書かれた文章と矛盾しているように思える」といった混乱とか、「いま読んでいることは、試験に合格するのに役立ちそうなこととは全然関係がないようだ」という腹立ちとか、あるいは、もしかして、「そうだ、こういうことなのか」という啓発された思いとか、その他いろいろである。

私的に経験されることに関しては、これくらいにしておこう。しかし、あなたがこの本を読んでいるときに他の人にとって明白なことは、あなたが本を読んでいるという行動のみである。これは、この章の後半で「他者の心の問題」としてかなり詳しく議論する、哲学的問題へといざなう。

公共的な行動から個人の私的経験を判断すること

この本を読んでいる人を観察していると仮定してみよう。読んでいる人の考えや私的経験について、何を知ることができるだろうか。これに対する解答は、読んでいる人の行動がどのようなものであるかにかかっている。ただ、その人の行動を見ることによってのみ、彼が何を経験しているかについて判断できる。その行動は、たとえば、微笑んでいるとか、頷いているとか、しかめっ面をしているとか、頭を振ったり掻いたりしているとか、あるいは本を火の中に投げ入れているとかである。ここでの要点は、そのような行動がその人の経験の指標であると、**推測する**ことしかできない、ということである。そのような行動は、さまざまな感情と経験とを指示するかもしれない。けれども、客観的な観察者であっても他人である限り、そのような推測が正しいとは決して確信できないであろう。火の中に本を投げ入れるという行為は、何かしら侮蔑や嫌悪に起因するのかもしれないが、ありそうもないこととはいえ、寒さを感じて何とか火勢を強める必要があったということを表現しているのかもしれない。あるいは何か心の病気を患っているということを示しているのかもしれない。同様に、頭を掻くという行動についても、読んでいることが理解できないといったこと以外にも、たとえば頭がかゆいとかいったこともこの行動を引き起こすことが可能である。要するに、推測には常に疑いの余地があるのであり、厳格な行動主義者にとってはそのような疑いの要素は避けられるものであり、したがって避けるべきだということになる。行動主義者にとっては、観察できる、しかも公共的に観察できる行動のみが、分析のための正当な資料（データ）である。

それゆえ、心理学への接近法としての行動主義は、心理学という学問を、私的な経験の領域から科学的検討という公共的な領域へと連れ出そうという企てだったのである。19世紀の最後の4半世紀にヴント（Wundt）によって実践された「内観」という方法は、個人が自分自身の私的にして意識的な心的過程を「覗き込む」という方法に訴えるものだった。ここで、私的経験を覗き込むとは、意識的に経験されたことを、その構成要素もしくは基本的要素にまで分析しようという企てであった。しかしながら行動主義者は、客観的に観察されうるもののみが、すなわち同時に数人の観察者によって観察されたもののみが、心理学の営みに含まれるべきだと主張したのだった。それ以外のどんなものも単なる思弁であり、したがって真実ではないかもしれないという危険があった。

◆──「知る」とは何か

このように観察可能な行動を強調するということは、思弁を除去しようという明確な企てであった。明らかに、この研究法は、単に「知る」というだけではなく、「知ったことが真であることを知る」ことこそ重要である、という考えと結びついている。上の例に戻ってみよう。私は本書の読者が頭を掻いたということを「知る」ことができる。私はこれが事実だということをはっきりと「知っている」が、この動作が混乱を意味しているかもしれないということは、ただ**推測**できるのみである。頭を掻くことは観察できる行動であり、測定できる。それは、観察できない個人的な心の状態に比べ、測定し、記録し、報告することがより容易である。行動主義が20世紀の大部分、心理学を支配するようになったのは、知識に関するこの見解によるものであった。心理学者たちは、彼らのデータが科学的な方法で得られたということを、知る必要があったのだった。このようなやり方によってのみ、心理学は純粋科学の列強に、名を連ねることができたのだった。「ハードサイエンス」の成功の結果として起こった前世紀の技術の進歩を目の当たりにしては、心理学たちがハードな科学の客観的な姿勢を見習うべきであると考えたこと、またそれによって内観的な方法の拒否を企てたことは、驚くにあたらない。

科学の実践に関連した哲学的問題、とりわけて世界についての知識がいかに得られ説明されるかという、方法に関する哲学的問題は、「認識論的（epistemological）」な関心と称される。つまり、どの程度、科学者は、世界について知られることが本当に真であると確信できるか、という問題である。思弁と不合理で間接的な推論は、行動主義者にとって不必要なものと見なされた。心的状態は、他人によって直接に知ることも観察することもできない。それゆえ、行動主義者の主張によると、それらは不必要であった。それどころか、存在することからして望ましくないものであった。心理学を「正しく」形式化された学問として確立したいと願っている心理学者の注意を、そもそもからして引くべき代物ではなかったのだった。

理論とは何か。理論はどのようにして科学的探究の助けとなるか

理論とは、すでに観察されているものを説明しようとする際に、前提されたり仮定されたりする何かであると定義することができる。つまり、理論は統一的な説明を提供しようとするものである。理論はまた科学者の将来の観察を導くのに役立ち、それゆえ科学者がそのような観察を説明するのを助ける。たとえばフロイトの無意識の理論は、いわゆる**言い間違い**を説明しようとする企てとして役立つ。それはまた、私たちをして一見不合理な行動に至らせるものを、自己破滅的行動への無意識の願望によって説明することも可能にする。

また、行動主義をめぐる理論的叙述の発展に関しては、いくつかの重要な動物の観察が、学術的雑誌に載せられてきた。その中には、ソーンダイク（Thorndike, 1911）、パヴロフ（Pavlov, 1927）、そして後にはスキナー（Skinner, 1938）の文献が含まれる。これらの観察のすべてに共通するものが一つある。すなわち、それらはすべて連合学習に関係しているのである。連合学習については、以下にきわめて簡単だが、概略を述べておこう。行動主義学習理論の基礎的前提をなしているのは、これらの連合に他ならない。**理論的には**、すべての行動は連合学習によって説明することができる。したがって、行動に関する既存の観

察を統合する説明を提起するだけではなく、将来の観察を導く枠組みを提供するという理由から、行動主義は心理学の「理論」であると見なすことができる。

ソーンダイクの効果の法則

ソーンダイクの実験では、動物によって学習される連合は、望ましい結果——報酬——を獲得するために環境を操作すること——行動——を含んでいる。動物を「問題箱」の中に入れると、報酬の食べ物にたどり着くために、試行錯誤によって、ついにはその箱から逃げ出すことができるだろう。ソーンダイクはこれを、「効果の法則」と名づけた。この法則によれば、行動の結果として起こることが、この行動の将来の反復されやすさに影響を与える。右述のように、この種の学習は試行錯誤に関わっているのであって、「思考」というものは関わる必要がないことが強調されねばならない。快適な結果へと導かれる行動は「刻み込まれる」。他方、不快な結果へと導かれる行動は消え失せ、「拭い去られる」傾向がある。日常の会話では、これをそれぞれ、「報酬」と「罰」と呼ぶ。

スキナー

スキナーの観察はいわゆる「スキナー箱」を使うもので、これは、報酬の食べ物を得るためにラットが梃子（レバー）を押す、ハトの場合なら鍵をつつく、という行動を観察するものである。ラットが梃子を押す行動傾向は、それに伴う報酬ゆえにより頻繁となる。つまり、行動は「正の強化」によって強められるのである。ラットはまた、電気ショックといったような不快な結果を避けるためにも、梃子を押すことを学習する。この後者の状態は「負の強化」と呼ばれ、ここでは、動物は不快な結果を避ける効果を伴う行動を示す。

ここで、「負の強化」と「罰」の間には重要な違いがあることに、注意していただきたい。前者では、動物は、不快な結果を避けるために特定の行動を示すことを要する——言い換えれば、特定の行動が「刻み込まれる」——のに対し、後者では単に、その行動に関連した好ましくない結果ゆえに、ある特定の行動が除去される——「拭い去られる」——だけなのである。たとえば、小さな子どもをピシャリと打つ親は、その子どもがぶたれたときにやっていた望ましくない行動を除去するための不快な連合を、提供していると思われる。しかし問題は、その子は、実際に親がその代わりに望んでいる行動がどういうものであるかを学ぶことはない、という点である。ここで重要なことは、負の強化においては、生活体が連合を形成するのはある行動とその結果との間に対してであって、行動しないこととその結果の間ではない、ということである。

パヴロフの古典的条件づけ

スキナーに関する右の話のなかでは、動物は能動的に環境に働きかけ環境を操作（operating）していることに注意すべきである。この理由により、このタイプの学習について語るのに「オペラント条件づけ」という用語がしばしば使用される。より基礎的で受動的なタイプの学習があって、こちらは刺激と反射的反応の連合もしくは対化作用に関係している。パヴロフは、以前には唾液分泌にとって中性的な刺激であったベルの音が、食べ物という「無条件刺激」と同時に提示されることにより「条件刺激」の地位を得、後にはそれだけで唾液分泌を引き起こすことがある、ということに注目した。空腹の犬は、食べ物を見せられると無条件によだれを出す。それが、食べ物が「無条件刺激」と言われる理由である。パヴロフは空腹の犬に繰り返し食べ物を見せ、同時にベルを鳴らすことによって、犬を条件づけることができた。この犬はこのようにして、ベルの音と食べ物を関連づけることを学習し、つまりは連合させた。結局、この連合は非常にうまく形成されたので、犬はただベルの音を聞いただけでよだれを出すようになったのだった。このようにしてベルの音は、条件刺激となったのである。

結　論

右の話はすべて、動物と人間を問わずその環境において生じる、行動と出来事との間の連合の重要性を強調している。これらの観察から結論される理論は、次の通りである。動物と人間を問わず、すべての行動は学習によって説明できる。すなわち、私たちの知識のすべて、そして、複雑とそうでないとを問わず私たちが示す行動のすべては、経験による結果である。

この命題は、行動主義者に対して、やらねばならない膨大な仕事を課すことになったが、それはまた心理学にとっての一つのパラダイム——心理学者がすべての人間行動を説明することが可能になるであろう、包括的パラダイム——をも提供することになったのだった。そのような考え方からワトソンは、このパラダイムを完璧に表現する次の有名な主張をしたのだった。

私に12人の健康で均整のとれた子どもと、彼らを育てるためにしつらえられた世界を与えて下さい。そうすれば私はそのなかの誰かを無作為に選んで彼を、彼の才能や趣味、傾向、能力、職、そして彼の先祖の人種、といったものに関係なく、私が選ぶどんな種類の専門家にでも――医者、弁護士、画家、商会頭、そしてそう乞食や泥棒にでさえ――訓練して育て上げることを保証しましょう。
(Watson, 1924, p.104)

これは、勇気のいる、傲慢とさえ言える主張だ。実際の事業としては、ワトソンの計画は壮大なものであり、まったく実現不可能なものである。しかしながらこの主張は、本気の研究企画案というよりは、単なる理論的な態度表明でしかない。それにもかかわらず、この提案は、もしも現実世界の個々の子どもが、乞食になるか、それとも尊敬すべき医者になるかしたとしたら、それはどの程度まで、外的に決定された環境的な要因の産物なのだろうか、ということに関する思索を刺激する。

もちろん、行動主義にとっては環境がすべてである。行動主義者にとっては個人が形成されるのは、報酬と罰との連合を通じてである。この種の環境決定論はしたがって、たとえば大いに尊敬される医者になれたのは、その環境中に準備された報酬の故であると示唆するだろう。ここでいう報酬には、財政的報酬(行動主義者の説明では「二次的強化」と称されているもの)、社会的強化、両親や友達からの賞賛と励まし等々が含まれる。もちろんワトソンは、環境を統制することこそ、子どもを「形成」するために必要とされるすべてであると主張したのだった。

他方、どんな職業も仕事も長続きするように頑張ることができなかった、無力で貧乏な乞食について思弁を逞しくすることもできよう。そうすれば行動主義者はおそらく、この人を、セリグマン（M. E. P. Seligman）が**学習性無力感**と呼んだものの犠牲者であると見なすだろう。しかしながら、ワトソンの主張には二つの大きな問題がある。第一に、個人を形成するものはただ環境のみであるという考えは、正義と悪という概念の廃棄をもたらす。なぜなら、人は、自分が成ったものに対して、どのように責任がとれるだろうか。私たちは、自分が為したことあるいはできなかったことに、どのようにして「責任がある」とされるだろうか。もしワトソンの、環境中の外的要因が行動を決定し「形作る」という主張に従えば、このことは個人から自己制御の能力を奪い、決定的な制御要因を環境に与える結果になるのではないだろうか。このような「環境決定論」は、個人から自由と責任とを剥奪してしまうのである（自由‐責任の問題については第2章でより詳しく扱っている）。

二番目の問題は、理論を実際の科学的実践へと移し変える際の困難に関係している。

◆理論としての行動主義と実践的企図としての行動主義

ワトソンによって提案された種類の決定論は、いわば、「遡って」適用するときうまくいく。それゆえ、行動決定論者の立場から、たとえば前述の医者のような最終生成物は、環境の条件づけによる結果であると、比較的安易に主張できる。ただし、この条件づけは、現在はその医者の過去と経験のなかに隠されていて、調査することはできない。これに対する行動主義者の答えは、確かにそれは事実だが、実践的な問題はそれでもなお、ワトソンの主張の基礎をなす理論を揺るがすことはない、というものだろう。いずれにしても、このような実践的問題は心理学に固有なものではない。いわゆる「純粋科学者」に対して次のように問うことがいかに愚かかを考えてみればわかることだろう。

あなたは自然の法則に関して多くのことを知っていると言う。物質がどのように曲がり、壊れ、溶けるかを。あなたはまた、航空力学の法則についてすべてを知っている。物体がどのようにして空中で浮くか、あるいは地上に落下するかを。もし本当にそうだと言うのなら、そこにあるこの木のあの葉っぱが、秋になるとどの場所に落ちていくのかを、私に教えて下さい。

このような問いに対する科学者の答えは、この種の設問は膨大な規模の計算を要するので、そのような予測は不可能であるというものに違いない。相互作用するあまりにも多くの変数があるので、その結果をいっぺんに描き出すことは不可能なのだ。その葉っぱの秋の最終的な道筋は、多分、混沌から生じる無秩序の力に従うように見えてしまうだろう。しかしながら、だからといってその葉が、真実であることが知られている自然の法則に従うことを一瞬でも止めるということを、意味するものではないし、その道筋が、環境外の要因によって決定されているということを意味するのでもないのだ。

行動主義者が、慎重に限定された「下位世界」である実験室のなかで法則を打ち立てたのは、この理由による。たとえばオペラント条件づけにおいては、さまざまな**強化スケジュール**と、後に続く消去に対する抵抗の間の、法則的関係が確立された。言い換えれば、このような行動の法則は「現実世界」ではなくて、比較的小さな管理された環境において発見されたのだ。しかしながらそのようないったん確立された法則は、実験室の外の世界では役に立たないというわけではない。それどころか、行動主義は広く「現実生活」に適用されてきている。実際、次の諸節でいくつかの適用の例の概略を述べて、行動主義を、肯定的と否定的との両側面から綿密に検討しよう。

◆――行動主義と私的経験

科学的探索の範囲外にあるという理由で、私的な心的状態を脇にどけたのは、十分に正当なことであったと言えよう。同様に、行動主義者が自分たちの学問から心的な言説（言語）を除外したこともまた、正当なことである。考える、希望する、期待する、願うといったような言葉は、私的にして内的な状態に関係していて、心理学にとって唯一の正当なデータとは観察できる行動でなければならないという行動主義者の主張からはみ出すので、不適当だからである。「データ（data）」という言葉は、「所与（与えられたもの）」を意味するラテン語の言葉から来ている。なぜ表出された行動が「与えられたもの」であるかは、たやすく理解できるだろう。なぜなら表出された行動は、どんな観察者によっても観察され、感受されうるからである。思考、希望、期待、欲望、願望はそのようなものとして所与の（与えられたところの）ものではない。それらは個人の内部状態に関係していて、直接に他人に与えられるものではないからである。私はあなたの希望、恐れ、喜びあるいは退屈といったものを、直接には観察、測定、記録することはできない。とはいえ、私はあなたの行動から、そういったものを推測することはできる。

たとえば、ある学生がある授業への興味を経験しているかもしれない。しかしその興味はその学生に属している。その学生は、その興味を伝える行動をしてみせるか、「思わずしてしまう」ことができるのみである。そのような行動は見分けるのが難しいものではなく、先生を見るとか、頷くとか、あるいは言葉による行動――たとえば、私たちが「興味」と呼んでいるものと関連する特定の言葉を発するといった――を含んでいる。けれども、厳格な行動主義者にとっては、これは単に、本当の興味という内的状態を伝えるかもしれないが、伝えないかもしれない、言語活動にすぎない。懐疑の要素は、依然残されている。実際、行動主義者が説明からその種の推測を排除するようになったのは、この懐疑ゆえであったろう。利用できるデータ（所与）は、この学生がいくつか数えられるほどの単語を発したということだけである。つまり、一定量の言語活動が「表出」されたということなのである。

◆実践的意義——臨床的場面

うつ病

行動主義が臨床的場面に適用されるときは常に、心に関わる言葉を避けようとする傾向があるのも驚くことではない。つまり、患者の私的経験に関係した言葉を避けようとする傾向があるのだ。そのようなわけで、患者が「うつ状態にある」と呼ばれはしても、それは表出された行動から推測されたという理由によってのみである。あるいはむしろ、患者がほとんど行動を表出しないという傾向によってであり、その場合は表出行動が欠如していることがうつ病の徴候と見られる。患者の私的経験に訴える必要はない。その結果、治療の目標は、ある人物が「うつ病」といわれるものを「患っている」という捕らえどころのない「事柄」を治療しようという試みよりはむしろ、行動——もしくは行動の欠如——に焦点づけられることになる。

◆行動主義と説明のための虚構——心的中継

スキナーは、心理学から、観察不可能な心的側面についての不必要な言及を排除しようと企てたが、そのような試みのなかで、私たちの、人間や動物の学習や行動について話しかたが決定的に重要であると論じたのだった。彼によれば、何ゆえにある生活体が特定の場合にそのような特定の行動をするかについて説明をするために、彼が言うところの**心的中継**を引き合いに出すのは無意味なことである。すなわち、「その動物は**喉が乾いている**ので水を飲む」と言うとき、私たちは、「喉が乾いている」だの、あるいは「喉が乾いていると感じる」だのといった、私的で観察できない経験を表す言葉を、無益にも付け加える。このような言葉を行動主義者は許容することはない。なぜならすでに、この行動に対しては、他に満足のいく説明――すなわち、その動物の、水を飲むという傾向の測定と観察――があるからである。

それゆえ、行動主義者なら、誰も「うつ病」などには罹っていないと論じるだろう。ある人が抑うつ的な精神状態にあるなどと言って心的中継を導入するようなことを、彼らはしようとしないだろう。むしろ行動主義者は、うつ病なるシロモノに罹っていると話す代わりに、うつ病を行動的用語によってのみ定義すべきだと論じる。すなわち、うつ病は、「行動しようとしない甚だしい傾向」と定義されるべきである。そのようなものとしてうつ病を治療するために論理的に考えられる次の手段は、行動の欠如を治療するということになるだろう。手短かに言えば、患者が再び確実に**行動する**ようになるよう、必要な報酬（および、必要なら罰も）が与えられるような状況を設定する、ということである。そうすれば、患者は、ベッドから出て顔を洗い、運動をするなどの望ましく積極的な行動をはじめるよう促される一方、喫煙といったような否定的で有害な行動は消去されるだろう。いわゆる**トークン・エコノミー**が、このタイプの治療計画のためにしばしば用いられてきた。

◆心的中継を拒絶すること――節約の原理

同様にスキナーは、私たちが動物がどのように学習するかについて話すしかたは、この学習を説明するために**選択する**方法と、組み合わせになっていると主張するであろう。学習を説明するとき、彼は、いわば動物の皮膚の下に隠れて観察できない出来事への言及を避けるだろう。これらの言及を含ませることは、非科学的で不必要で不経済である。次の短い引用のなかでスキナーは、「私的な」心的要因を説明のなかに含めることはまったく不必要だと論じている。

> 実験的分析によって罰の行動に及ぼす影響を調べる場合、心理主義的な心理学（mentalistic psychology）ならば、まず、罰の影響が不安という感情を引き起こすことに関心を持ち、そして次に、行動に及ぼす不安の影響に関心を持つ、という順序になるであろう。ここでは、心的状態が、独立変数と従属変数の間の溝を埋める橋渡しの役割を果たしているように見えるのである。（Skinner in Wann, 1964, p.90）

この、罰とその行動に及ぼす影響の間の溝を橋渡しすることは、説明を「よい物語を語る」ものにする。この、「不安の感情を引き起こす」という説明項を含むことによって、より完全な説明が与えられるように見える。しかしながらスキナーによれば、そのようなあいまいかつ観察不可能な媒介変数は、客観的で科学的な記述からは除去されるべきものなのである。

節約の原理と「説明のための虚構」

もし罰とその結果として起こる行動の間に観察可能なつながりがあるならば、観察できないゆえに疑わしい不安のようなものについての思弁的推測でもって説明を「完全なものにする」必要などはない。そのような思弁的推測を避けることは、**節約の原理**として知られていることと合致する。たとえば、ある人物の飲み過ぎを、アルコール依存だの嗜癖だの、飲みたいという欲望だの要求だの、果ては自己破滅の願望だのといった観察できない概念に言及せずに説明できるとすれば、私たちは、単にそうすべきなのである。もしアルコール依存症をアルコールを飲み過ぎる人と定義するならば、それは定義としては良い。しかしながら誰かさんの飲み過ぎを、アルコール依存症だからと説明しようとするならば、それは堂々巡りの議論になってしまう。説明のための虚構になってしまうのである。

節約の原理は、行動主義者が臨床的な治療を観察し記述するしかたにまで及ぶ。たとえばアルコール依存の患者は、しばしば古典的な条件づけによって治療される。この治療手続きは、単に催吐剤とアルコールを組み合わせることである。催吐剤とは人間に吐き気を催させる物質である。これは吐くという（**無条件**）反応に対する**無条件**刺激である。治療を受ける人は、数回の吐き気と嘔吐の組み合わせのあとで、アルコールに対して吐くという**条件反応**が成立するような処置を受ける。アルコールはもちろん**条件刺激**となったのである。この治療は、嫌悪療法として知られている。

上のアルコール依存者の治療をよく読めば、この記述のどこにも内的で観察不可能な心的中継は姿を現さないことに気づくだろう。（患者はアルコールを飲むことに**恐れ**を感じるようになったとか、吐き気を**感じることを予想する**ことを学習したとか、アルコールを飲むことは……であると**気づいた**とか。）ただ行動的要素のみにもっぱら焦点があてられているということに、注目すべきである。

擬人化と心的中継

擬人化（anthropomorphism）とは、人間的な特徴を動物にあてはめる傾向である。同様に、**アニミズム**（animism 物活説）という言葉は、物が人間であるかのように描かれるときに用いられる。子どもの歌で「お日様お帽子かーぶった」というのがまさに、物が人間であるかのように話す例である。前述のアルコール依存症に対する**嫌悪療法**の治療で、内的な心的状態に言及することを避ける傾向は、厳格な行動主義者が、「下等」動物の条件づけの際に、そのような描写を避けようとするやり方と合致する。

以下の引用文中でスキナーは、彼の学生たちが、観察できない（つまり行動主義者にとっては「違法」である）私的経験の世界を引き合いに出す傾向がある、と論じている。ここで彼らは、「ハトの私的世界」を思弁的に推測するというワナに落ちているのだ。

……実演実験において、空腹のハトが時計回りの方向に回るように条件づけられた。この行動パターンは最終的にスムーズに実行されたのだったが、これは連続的に食べ物を近接して与えることによる強化によって形成された。そこで、その実験実演を見ていた学生に、彼らが見たものについて記述するよう求めた。彼らの反応は次のようであった。

（1）この生活体は正しい種類の行動への強化を**予期する**ように条件づけられた。
（2）ハトは何かが食べ物を再び出してくれることを**期待して**歩き回った。
（3）ハトは、ある行動がある特定の結果を生み出すように見えることを**観察した**。
（4）ハトはその行動により食べ物が与えられるだろうと**感じた**。
（5）この鳥は自分の行動を給餌器のクリックと**関連づけた**。（Skinner in Wann, 1964, p.91）

もちろんスキナーにとっては、予期、期待、感情などの私的にして内的な世界はことごとく、食べ物という報酬とその結果のハトの行動への影響の間の、不要な心的中継である。厳格な行動主義者にとっては、そのような用語は人間の学習を説明するときでさえ不必要である。したがって彼の学生がハトに対してこのような言葉を使うというのは、何という恥さらしであろうか。彼らは心の中間的中継を持ち出したという罪だけではなく、擬人化というワナにもはまってしまったのだ。

心理的用語の排除

行動主義者は、個人の観察できない内面生活に関連するおそれのある言葉を使うのを、注意深く避ける。希望、絶望、予期、思考そして感情といった言葉だけでなく、空腹とか喉が渇くといった言葉ですらも、行動的言葉に取って代えることができる。かくして、喉の渇きは「飲む傾向」と言い換えられ、空腹は「食べる傾向」と言い換えられる、等々。内的な動因とか動機づけとか決心とかいった言葉もまた、余分なものである。なぜなら、定義上からしてこれらもきわめて私的なものだからである。これらは、より客観的な言葉を使って、再定義される必要がある。そのために、たとえばウォーデン（Warden, 1931）は、実験的な「障害物競争による方法」を開発した。

この設定では、白ラットが二つの部屋からなる単純な環境に置かれる。その二つの部屋は、電気の通った通路で分けられている。空腹のラットが一方の部屋に置かれる。もう一方の部屋には食べ物が置かれる。たとえば動機づけ（もしくは別名空腹）の強さを測定することは、きわめて単純で客観的なことである。実験はただ単に、ラットが食べ物を得るために電気の通った区間に耐えることのできる時間の長さを記録するだけでよかった。実際、ウォーデンは、他の部屋にいろんなものを置いて各種の動機づけを測定したのだが、動機づけの強さは、子ラットと離れた母ラットが一番だということを観察した。その次に喉の乾き、空腹、そしてセックスが続いた。行動主義者にとっては、「動機づけ」だの「動因」だの「決断」だのをめぐる観察不可能な言説は、動物が実際にやったことについての、客観的で観察可能で定量化可能な説明によって、取って代わられることができるのである。

◆――行動主義と心

行動への傾向と傾性

ウォーデンによって記録された観察は「動因」のような言葉を、（たとえば電気の通った格子を横切るときの）測定可能な行動の単位を導入することによって再定義する。空腹のラットは、たとえば、食べ物を得るために繰り返し電気の通った格子を横切るといった、特定のしかたで行動する傾向がある。ところが空腹でないラットは、通電格子を横切ろうとしない。空腹のラットは、そうする「傾性状態（dispositional state)」［訳注　傾性とは、多少とも安定していて予測可能な行動傾向のこと］に置かれている。これはもちろん、ラットを食べ物あるいは食べるという行為へと駆り立て導く、内部的生物学的な状態であり状況である。

同様の例を引くならば、ガラスが壊れやすいと述べることは、それが特定の物理的状態にあることを意味している。その状態は、もし重いもので叩かれたならば粉々に砕けてしまう傾向がある、ということである。その壊れやすさは――ラットの動機づけや動因と同じように――観察できるものではない。「壊れやすい」と述べるということは、「もしそれが叩かれたならば、ある様式で反応する傾向がある」と述べる、一つの流儀なのである。

もし私たちが、「誰かさんが機嫌が悪い」と言うならば、それは、「誰かさんが特定のしかたで振る舞う傾向がある」と話す、一つの流儀である。これは多分この誰かが、ある特定の物理的状態にあることを意味している。つまりその人は、特定の脳の状態とかホルモンの状態にあり、したがってこの状態にある人はおそらく、「不機嫌な気分」、すなわち直接的で主観的な怒りの感情を、感じる傾向がある。

ここで問題なのは、怒りを感じるのは、ただこの機嫌の悪い当人のみだということである。私は彼らの怒りを、経験することも観察することもできない。私は私自身が平静な内的状態とかその他の状態にあることを、経験することができるのみである。つまり、当の機嫌の悪い人は、この心理学的な（脳の）怒りの状態に、直接アクセスできるとか、直接に知っていると言うことができる。私の方では、直接に知っていると言えるのは、私の平静な状態の方である。

ところで私は、ここに想定される怒りっぽい気質をテストするために、この人を挑発したり非難したりできるだろう。ここでの証拠は、かなり間接的なものではあるだろうが、私は彼らが、足を踏みならしたり叫んだりする行動によって、怒っていると推測するだろう。しかし私は、ただ弱い意味でのみ、彼らが怒っていると「知っている」と言えるだけである。怒っている当人は、「知る」と言うことの強い意味で、自分が怒っているということを知っている。なぜならそれは彼ら自身の怒りだからである。私が他人の経験に対して持つこの知識の「弱さ」は、**他者の心の問題**と言われて論じられてきた。

◆他者の心の問題

もし私が自分自身を傷つけたら、きわめて現実的に痛みを経験するということを、私は知っている。なぜなら私は、可能な限り最も直接的な形で、自分の痛みについての強い意識的な知識を持っているからである。けれども私は、他人が自分自身を傷つけた場合痛みを感じているということを、どのようにして知ることができるだろうか。そう、私は弱い意味でこれを知っている。なぜなら私は、これを他人の行動から推測するからである。しかしその人は、非常に演技のうまい役者であるかもしれない。そして単に、私が痛みを感じるときに示すと知っている行動を、表現しているだけなのかもしれない。ロボットがそのような行動を示すようにプログラムされているところを、想像するのはたやすい。それでは私たちはいったい、その行動が痛みを示しているというだけで、ロボットが痛みを感じている、と言えるだろうか。

この哲学的な問題は**検証不可能**である、と認めるのが多分理性に適っているだろう。つまり、他人が痛みを感じているということをテストしたり、最終的にはっきりさせるような方法は、ないのである。

他者の心と類推による論証

もし私が他の人々も意識があって思考とか感情を持っていて痛みを感じる等々と主張したとしたら、この主張は私が私自身について行っている**類推**に基づいている。類推の論理は、もし二つのものがいくつかの点で類似しているならば、それらは他の点においても類似しているであろう、と主張する推論の一形式である。それゆえ、もし痛みを感じている私が金切り声をあげたり、叫んだり、たじろいだり等々の行動をとるならば、他の人が、私が自分自身痛みを感じていると知っているときと同じような状況にあるとき、同じような行動をとるとすれば、他の人も多くの点で私に似ているので、私はこの比較——あるいは類推——によって、その他人が痛みを感じていると結論を下すようになる。

厳密に言えば、単一事例に基づいたどんな論証も、あまり説得力があるとは言えない。ここではもちろん、単一事例とは私自身のことである。ホスパーズ（Hospers, 1990）は、なぜそのような論証が脆弱なのかという要点を、次のように述べている。

誰かの車庫に積まれた一山の箱を見ていると、想像してみよう。私は箱の一つを開け、それが本で一杯であることを発見する。私は残りの箱を全然開けずに、「これらの箱は大変によく似た外見をしているので、私はそれらにはすべて本が入っていると推測する」と言ったとしよう。これが安全な推測とは言いがたいことは明らかだろう。実際、あなたならきっとそんなことは言わないだろう。箱には何が入っているかわからない。小さな装身具とか、紙とか、子どもの玩具かもしれないではないか。もしたった一つの箱しか開けないなら、それらすべてに本が入っている、などと言うのに適当な状況ではないであろう。もしあなたが一つを除いてすべての箱を開けてみて、それらすべてに本が入っていることを知り、そして多分残った箱にも本が入っているだろうと推測するのであれば、あなたの立場はもっとよくなるだろう。……他者の心に関しては、私たちはまさにこのような状況と同じ状況にないであろうか。私自身の例では、私は（1）私の行動と（2）私の痛みの感覚、を知っている。しかし他のすべての例において、私はただ行動を観察することができるのみである。それゆえ、一つの箱に本が入っているのを発見したというきわめて乏しい根拠の上に立ってすべての箱に本が入っていると結論する人の立場に、私はあると言えないだろうか。（Hospers, 1990, p.251）

あらゆる実践的目的にとっての他者の心の問題

この問題は、おそらく決して本当には解決できない種類の問題であろう。それはむしろ、誰かに、彼らが常に真実を話しているかどうかを尋ねるのに似ている。彼らの答えがどれくらい確かなものだというのだろうか。なるほど彼らは、いつも真実を話していると答えるかもしれない。けれどもこれも、彼らが実は嘘をついているという場合の一つでありうる。そして私は彼らの言語的行動しか判断に利用できない。私は（彼ら自身が直接に知っているであろうようには）彼らが嘘をついているかどうかを知らない。嘘をついているかどうかを、距離を置いた、間接的なやり方で、推測できるだけである。

同じように、他人に思考、感情、痛みの経験などがあるかどうかを知るという私の問題を、言語行動であれ何であれ他人の行動は、決して解決してはくれないであろう。しかしながら実際的な目的のためには、ほとんどすべての人々は、他人にもまた心があって痛みを経験している、等々と仮定して行動する。

子どもが亡くなるといった痛ましい状況を想像していただきたい。そのような状況下では、母親の涙が単なる行動であるかどうかといった、形式的で哲学的な議論を闘わせるべきだなどとは、誰も示唆しないだろう。私たちはふつう、彼女は本当に悲しみの感情という状態にあると結論するだろう。無論、彼女の悲しみを他の人は経験することができない。だが彼女の行動――内面の苦しみを表示する行動――を目撃することによって、私たち自身、深い哀れみといった他の感情を経験することはできる。すなわち、行動は彼女の内面の苦しみを示している。このような場合にはきわめて厳格な行動主義者でさえ、賢明にも、他人の心の存在を認めることの拒否などという過激な姿勢を保留するのである。この母親を目撃したときの最も正常で健全な反応とは、この特定の瞬間における彼女の心的状態――悲しみという感情――についての、あなたの確信を受容することであろう。

同じように、実践的な理由によって、医療の専門家は、重い傷を負っていてしかも麻痺状態にあり、体をピクリとも動かせないような患者に麻酔を施すとき、他者の心の問題は脇に置く。麻痺している場合、ふつう、痛みに関連するどのような行動も実際には観察されないのに、医者は患者が痛みを感じていると考えるのである。確かに外科医が患者の痛みを急ぎ緩和すべきときに、他者の心の問題についての深遠なる哲学的議論に没頭するのは、どうかしているであろう。まったくのところ、この外科医がこの哲学的問題を脇に置くことができないようなことになってしまったら、法的には職業上の義務を怠ったと見なされるだろう。外科医が患者の痛みについて（強い知識でなく）弱い知識しか持っていないだの何だのといったことは、実践的な状況に直面したときにはどうでもよくなるのだ。

◆——他者の心と人工知能

機械知能の分野で研究している心理学者たちによって繰り返し提起されている問いに、「機械は考えることができるか」という問題がある。おまけにこの問いは、大学で心理学を学んでいる学生の試験問題にしょっちゅう出されてきたので、それは何か陳腐なお決まりの質問になった。

機械を相手にチェスをしていると想像してみよう。（その小さなチェスプレイ機は、大変上手にチェスをすることができる。）あなたが駒を進めた後、機械が駒を進めるまでに、時間間隔があくだろう。この間隔の間にチェスプレイ機の電脳は、ゲームの状況を再吟味するようにプログラムされている。そして可能な限り最善の手をとる。あなたの手と電脳の手の間に、何が起こっているのだろうか。この電脳は考えているのだろうか。確かにそうしているように見えるだろう。なぜなら結局のところ、あたかも何か考えるといったようなことをしているように振る舞うからである。その行動はでたらめではない。実際それは非常に賢い。そしてそのような機械は多くのゲームに勝つ。

そう、無論、この機械は考えているのである。しかしそれはあなたが「考える」ということをどのように定義するかにかかっている。もしあなたの定義が、「自分の一手と機械の一手の間に機械の内部で進行しているものは何でも思考である」というものであれば、それは考えているのである。

しかしここでの状況は、明らかに他者の心の問題と関連している。あなたが直接に到達できるのは機械の行動のみであり、（あなたが定義したような）思考が起こっていると推測できるのは、この行動からである。ここに再び、「推測する」という言葉が出現する。あなたが確実に知っていることは、その機械がある特定のやり方で行動をしたということだけである。あなたは（定義したところの）思考のような何かが進行していることを、確実には知ることができないのである。

◆──まとめ

本書でなぜ行動主義に関する章を最後に置いたのかというと、行動主義が、本書で扱った重要な論争問題の多くに関係しているからである。読者は、心理学における論争問題に対する答えを考えるとき、この章に提示した資料を引き合いに出して説明するのが適当であると感じるだろう。以下に、どうこの論争を考えたらよいかの例をいくつか示そう。

論争──自由意志と決定論

自由意志に関する問題は、行動主義に言及することによって答えることができるだろう。行動主義者は、すべての行動は学習の結果であるという説を提起する。すでに見てきたように、ワトソンは、もし養育環境を管理できれば、どんな種類の個人をも、画家、弁護士、あるいは泥棒にさえ育て上げることができるという、極端な主張をした（188ページ）。もしそのような主張が本気で受け入れられたら、自由意志という概念そのものが無意味になるであろう。

論争——還元主義

還元主義者による研究法は、第3章で考察した。その研究法は、生物学的な還元主義と進化論的視点を含むものであった。行動主義は、還元主義的研究法の、もう一つの例である。ラットとかハトとかのような比較的単純な動物を研究することによって、そしてそれらを「スキナー箱」のような比較的単純な環境で研究することによって、行動主義者は学習が進行する際に関与する原理を突き止めることができた。行動主義者は、人間における複雑な行動は、実際には多くの単純な連合学習の集合から成っていると論じるであろう。かくして、複雑に見えるものは、より基本的な構成単位へと還元されることができるのである。

論争——心理学は科学でありうるか

もし心理学は科学でありうるか否か、という問いが出されたら、読者は、もし行動主義が心理学の調査、研究の同意された方法として受け入れられていたなら、心理学は実際に科学でありえただろう、と論じることができるだろう。この、「同意された方法」という概念は、しばしば、科学的パラダイムとして言及される。しかし行動主義は、この章で述べたさまざまな理由により、パラダイムとして受け入れられなかった。これらの理由のリストを作りたいと思うならば、この章を再読すればよい。一つの理由は行動主義が、心理学の「正当な」研究課題は観察できる行動のみに限られるべきであると主張したことである。行動主義者は、研究課題を観察可能な行動のみに限定することによって、心理学が「科学的な」路線を進むことが可能になると論じたのであった。これは、心理学から心的生活に関係するどんなものでも排除しようとすることになる、ということは別として、筋の通った議論である。もし心理学の定義を、「心」と関係するようなどんなものをも除くというように変えないとするならば、やはり、心的生活は研究されなければならないのではないか。

論争――氏（生まれ）か育ちか

これまでいくつかの箇所で述べてきたように、行動主義者は、動物の行動を形成するために環境を統制することに多大の関心を払ってきた。行動主義者にとっては、論争の「育ち」を強調する側が最も重要だったのである。

読書案内

Jarvis, M.（2000）*Theoretical Approaches in Psychology*, London: Routledge. 第2章「行動主義心理学」。本書と同じ“Routledge Modular Series”のなかのこの本は、行動主義という話題に関する役に立つ良い資料を提供している。同じ話題への他の著者の接近法を知ることは、興味深く有益である。

Hunt, M.（1993）*The Story of Psychology*, London: Anchor Books. 第9章「行動主義者」このテキストは、初

級レベル以上に心理学を勉強しようと計画している学生には、特に興味深いものであろう。ハントは心理学の歴史について、きわめて徹底的かつ包括的な説明をしている。

付章　関連する重要研究

論文1

ブレイクモアとクーパー「視覚環境に依存する脳の発達」
Blakemore, C. and Cooper, G. F.（1970）Development of the Brain depends on the Visual Environment, *Nature*, *228*,: 477-478.

問題

ネコの視覚野の個々のニューロンは視野内で特定の傾きを持つ線やエッジにとりわけ「同調している」、あるいは敏感であることが知られている。この研究に先立って行なわれた研究としては、ヒルシュとスピネリ（Hirch and Spinelli, 1970）の研究などがある。その研究では、子ネコを、片目は縦の線だけ、もう片方の目は横の線だけを見ることができる状況下で飼育した。視覚野の25のニューロンを調べたところ、すべてが単眼性に「同調」していたことがわかった。つまり、片目からの視覚入力にのみ反応するよう「同調されていた」のである。また、全例中1例を除いて、特定のニューロンが「反応する」方向は縦か横で、それはその眼がさらされた視覚刺激の方向と一致していた。これは、視覚システムがそれがさらされる環境によって「形成される」ことを明確に示す証拠となる。

方　法

この研究の被験体も子ネコである。しかし子ネコは、通常の両眼視で刺激にさらされた。生後2週間暗黒下で飼育された後、生後5ヶ月まで、1日5時間、特別に設計された視覚「世界」に置かれた。この「世界」は、視覚刺激がくっきりした白黒の縦か横どちらかの縞模様しかないよう特別に設計されていた。首の周りには特性の覆いをつけて、子ネコが自分の体を見られないようにしてあった。これは、視覚入力が縦か横の縞模様の刺激以外にないようにするためである。

結　果

この、特別に設計された視覚環境による効果のいくつかは、研究者たちから見て、きわめて恒久的であり、被験体の子ネコすべてに共通しているようであった。彼らはしばしばテーブルの脚など物にぶちあたり、視覚野にある物に触れようとするが、それは手の届く範囲よりも遠くにあるのだった。しかし、二つの実験グループの違いは、さらに興味深いものだった。子ネコの行動が子細に研究された。それぞれの群の子ネコは、**他の**群の子ネコがさらされた方向で提示された視覚刺激が、まったく見えないようであった。

縞を描いたガラス板を次第に近づけていくと、彼らが同調した方向のときだけ、驚いた反応をみせた。子ネコの行動を調べた後、研究者たちは、子ネコを麻酔し、視覚野内の個々のニューロンを調べた。すると、一つの群内の子ネコのニューロンのどれ一つとして、他の群がさらされた方向の刺激には、選好性も感受性も示さず、また、反対方向の45度以内にある方向の刺激に対しては、12のニューロンのみが反応を示すようであった。χ^2検定による統計分析では、このような結果が偶然に起こる確率は、10万分の1であった（$p<0.00001$）。

考 察

ブレイクモアとクーパーは、視覚野は一定の「可塑性」を持つと思われる、と結論している。ニューロンは、それがさらされる視覚世界に同調するように思われるのである。疑いなく、ニューロンは、よく現れる視覚刺激のタイプに適応するため、本来の方向感受性を変えもする。こうして、その視覚世界内の特定の特徴が出現する確率を、適応的に反映しているのである。

論文2

スペリー「意識、人格の同一性、そして分割された脳」

Sperry, R.（1984）Consciousness, Personal Identity and the Divided Brain, *Neuropsychologica*, 22, 661-673.

これは重要かつよく知られた論文で、二つの半球のつながりを外科的に切断された脳の、右半球、左半球の心的能力についての、膨大な研究を吟味してレビューしている。この手術は、交連（部）切開術といわれるもので、重篤なてんかんの治療にまれに用いられてきた。この論文は、心身問題に重要な疑問を投げかけた。というのも、術後、各々の半球は独立した存在として「生存している」ように思えるからである。この「分割脳」患者たちは、どちらの半球も、能力は異なるが、それぞれに豊かな心的生活を維持しているように見える。では、このような手術を受けた患者の人格は、いまやどちら側に「ある」のだろうか。もし、心身問題に唯物論的立場をとる人が言うように、「心」と脳の過程が同一なのであれば、分割脳はまったく別々の心を持つということなのだろうか。

手術による分断後、分割脳患者は、二つの連絡のない半球を持つが、どちらも高いレベルで機能しているようである。しかしながら、一方の半球で経験されたどんなに意識的な心的生活も、他方に伝わるようには見えず、逆もそうである。たとえば左半球は、視覚野の右半分の視覚刺激を見、視覚野の左視野の刺激は右半球で経験されるが、それは他方に伝わらない。スペリーはこう指摘している。このような手術によって、四肢の大脳における表象も、「分割される」。そのため、このような患者は典型的に、右手で感じられたものは、主として左半球に住む「人格」によって知覚されると報告する。

直感的に、かつて多くの論評者たちは、分割脳に住まう「真の」人格は、左半球にいるに違いないと論じた。左半球には言語機能の大部分があり、右半球はゾンビ状態にあると考えられたのである。しかしスペリーは、ヒトを他の動物から分かつものはヒトの言語能力であるという考えにとらわれたものであると見なした。そこで彼は自身がネコとヒト以下の霊長類で以前行なった研究に言及しているが、それらの研究は、**両方の**半球とも、術後も同様に有能に記憶、学習、知覚できるという明確な証拠を示している。

スペリーは明らかに、左半球がある意味で「有利」であると見なした。というのも、それは主として言語を司る半球なので、「その心を話す」ことができるからである。だが右半球はほとんどあるいはまったく「声」を持たないからといって、貧しい心的生活しかない、ということを意味しない。この議論をさらに強化するため、この論文では、右半球が認知的決定をし、非言語的に推論し、創意に富んだ問題解決を行なうことができるという証拠を引用している。右半球が意識を持つという指摘には、それ（右半球）が課題を成功裏になし終えたとき、そのことに満足したようなふつうの表情を浮かべる、という事実も含まれている。そして、実際、失敗したときには「その自分」にいらだつのである。

スペリーはまた、右半球が「情動的側面」を持つことを明白に例証する実験についても述べている。右半球に、非常に情動を呼び起こしやすい写真、たとえば家族やペット、個人的な持ち物などの写真を提示すると、それにふさわしい反応が観察された。

心理学の多くの領域と同様、「分割脳」患者の研究は「現実世界」に幅広い応用を持つ。スペリーがこの論文で主張しているのは、私たちの教育システムが、左半球領域に典型的な能力に過度に重きを置いているということである。学校は、高度に、いわゆる「読み書きそろばん」に集中しがちだ。スペリーは、これは明らかに、「非言語的、非数学的な脳の半分に対する」「差別」であると見なす。右半球は、「それ自体の理解と推論の知覚的 - 機械的 - 空間的モードを持っている」。

論文3
レイニッシュ「出生前の合成プロゲスチンへの被曝は、ヒトの攻撃性の可能性を増大させる」
Reinisch, J. M.（1981）Prenatal Exposure to Synthetic Progestins Increases Potential for Aggression in Humans, *Science, 211*: 1171-1173.

問題

この研究論文は本書で取り上げたトピックの三つと、明確な関わりがある。

1 氏（生まれ）か育ちか論争に関して、この研究は環境の影響――育ち――には、誕生後だけでなく、**子宮内**の条件も含まれなければならないという事実のはっきりとした例証である。

2 もしホルモンが行動を起こさせるとするなら、これは明らかに、自由意志／決定論論争と関連している。少なくともある程度、ホルモンによって突き動かされ、決定されているとしたら、［意志によるJ「選択」はどうなるのだろうか。

3 この論文は、攻撃的な行動の起源がホルモンレベルにあるらしいと示唆しているのであるから、還元主義の証拠となる。言い換えれば、攻撃性はホルモンの影響の「表現」ということになる。

プロゲスチンというホルモンは、基本的には、妊娠した女性の月経を確実に停止させる。これは妊娠を安全にし、たとえば、子宮膜が破れるのを防ぐ。著者は、1950年から80年にかけて、何百万人という妊婦に流産を避けるためやその他の妊娠に関連する問題の治療のため、経口で合成エストロゲンやプロゲステロンが処方されたという指摘から論文を始めている。他の研究によれば、妊婦に経口で処方される合成プロゲステロンが、発育途上の子どもを雄性化するという効果を持ちうることが指摘されている。こうした効果のなかには、子宮内でこの合成ホルモンを浴びた女児の18パーセントもが、雄性化した性器を発達させるということも含まれる。第2章に述べられている、マイアー - バールバーグら（Meyer-Bahlburg et al., 1995）の研究では、それらの子どもの成人になってからの性的指向［性対象選択の好み］に関わることが指摘されている。レイニッシュの研究は、**子宮内**で合成プロゲステロンを浴びたことが攻撃性のレベルに影響する可能性を調べるものである。

方　法

母親が合成プロゲステロンを処方された17人の女性と8人の男性に、さまざまな葛藤場面に向き合ったとき、どんな行動を最もとりやすいと思うかを尋ねた。6つの場面があったが、それぞれの場面について述べるごとにその後で、実験参加者に、どのタイプの反応を最もとりやすいと思うかを尋ねた。選択肢は以下の通りである。

（i）身体的攻撃

（ii）言語的攻撃

（iii）場面から引き下がる

（iv）場面に関わっている相手に非攻撃的に対処する

たとえば参加者がそれぞれ述べられた6場面に身体的攻撃を選べば、攻撃得点が最高ということになる。次にそれぞれの参加者の得点が、合成プロゲステロンを浴びなかった同性のきょうだいの得点と比較された。きょうだいの得点と比較するのは、遺伝的、環境的変数をできるだけそろえるためである。

結　果

合成プロゲステロンを浴びることは、攻撃性のレベルに影響するように思われる。浴びた女性は、浴びなかったその姉妹よりも、有意な差で身体的攻撃を選んだ。同様に、浴びた男性群は、そうでなかった兄弟群よりも攻撃性得点が高かった。しかし言語的攻撃が選ばれた数では、男性にも女性にも、有意な違いは見いだされなかった。浴びなかった男性と浴びなかった女性を比較すると、男性の方が攻撃的に反応すると予想されるが、そのとおりであることが確認された。

訳者あとがき

心理学をやっていると、いたるところで哲学的な問題に遭遇してしまう。たとえば、心理学入門の授業や教科書で必ず出てくるものに、ミュラー・リヤーの錯視というものがある。物理的には同じ長さのはずの二本の線分が、先端にくっつけた矢羽根の角度が内向きか外向きかで違った長さに見えてしまうという、アレである（本書１７４頁図６-３参照）。心理学では、この錯視図形やら、お月さまが東の地平に昇るときは大きく見えるという月の錯視やらの例を引き合いに出して、主観的な見えの世界（知覚世界）は客観的物理的世界とは別物である、ということを力説するのがふつうである。

考えてみれば、これは、ふしぎな論法ではないか。心理学は自らを科学であると主張する。科学の基盤は物理学である。化学にしても生物学にしても経済学にしても、物理学に何かを付け加えることはあっても、物理学と矛盾したことは主張できないはずである。ところが、主観的な知覚世界なるものが、物理学が描き出す客観的物理的な世界とは別物だとすれば、いったいそれは、この宇宙のどこにあるというのだろうか？

素朴に私たちは、客観的物理的存在としての脳が、主観的な知覚世界を、つまり心の世界を、生み出す、と何となく思っている。けれども、脳が心を生み出す現場を、直接観測した科学者は誰もいない。科学が発達していないから観測できないのではない。「公共性」という科学的観測の要件からして、公共性を欠いた心という存在は、科学的観測対象の定義からはずれてしまうのである。こうして、脳と心の関係については、思弁をたくましくせざるをえなくなってしまう。これが、本書第4章でいうところの「心身問題」(もしくは心脳問題)である。

また、今日、知能や性格特徴や、さらには各種の精神疾患の遺伝的背景が、しだいに明らかになりつつあるように思われている。そこで、精神疾患の遺伝子を捜し求めている生命科学者に、遺伝子が見つかれば必ず発病するのかと訊いて見るとよい。ハンチントン舞踏病のようなまれな例を除いては、ストレスを避ければ発病を避けることができる、という答えが、まずたいていは返ってくるだろう。遺伝要因は、発病しやすさ(=脆弱性)を準備するだけであって、実際に発病するかどうかの引金を引くのは、ストレスという環境要因だというのである。本書の第6章でいうところの、「氏(生まれ)か育ちか論争」である。

ところが、このように遺伝要因に環境要因がいわば相互作用して、知能や性格や精神疾患が発現するというのであれば、私たちの心はそれらの要因によって受動的に「決定」されるだけで、自由意志などないことになりはしないだろうか。それとも、自分の遺伝的素因を認識した上で、ストレスの多い環境を自らの意志で避ける「自由な決断」をしたとしたら、そこに自由意志が働いたと見なせるのだろうか。けれど、決定論者ならただちに言い返すだろう——「ストレスを自ら避けた人の群と避けなかった人の群の間には、遺伝要因か環境要因に違いが見い出されるだろう。あなたの自由な決断とは、しょせんは、遺伝と環境の相互作用の受動的な産物に過ぎない」と。まさに、本書第2章でいうところの「自由意志と決定論」の論争問題である。

このように、心理学上の問題を追求してゆけば、必ずといってよいほど哲学上の問題が立ち現れるにもかかわらず、これまで、心理学に携わる人々の間では、哲学はあまり歓迎されず、それどころか忌避の空気があったのだった。ムツカシイことを考えていたら論文が出せなくなるだの、目の前のクライエントを理解するのに直接役立たないといった、低次元の理由は論外としても、これには確かに歴史的な理由があった。心理学は、19世紀後半という、自然科学的実証主義全盛の時代の産物であって、哲学に対し、自らの科学としてのアイデンティティを確立すべく努力を重ねてきたといういきさつがある。行動主義は、それ自体が実は極めて哲学的なこの努力の成果であり、精髄であったといえよう。いまさら、百年前に戻るわけにはいかなかったのだ。

ところが、この十数年来、少なくとも欧米諸国では、心理学における哲学的思考の復活が見られる。その要因については長くなるので省略するが、イギリスの大学生用の心理学入門シリーズ（モジュラー・サイコロジー・シリーズ）の一冊として、本書（原題 *The Debate of Psychology*）が出版されたのも、そのような流れを代表しているといえよう。原題にある debate（論争）とは、本書第1章からそのまま引用するならば、心理学をめぐるさまざまな哲学的な係争問題のことを意味するのである。すでに例を挙げてその一端を紹介したが、心理学上の問題の哲学的意義をやさしい語り口で説明する本書が、大学生の心理学入門シリーズとして出版されるとは、時代も変化したものである。

しかも本書はけっして、教科書的に標準的な書き方がされているわけではない。本書の魅力は、いろんなところに、著者独自の視点がさりげなく置かれているところにある。たとえば、実存主義の哲学者であり、少なくともフランスでは現象学的心理学者としても評価されているサルトルの名が引用されている英米系の心理学書というものに、訳者として（たぶん）初めて出くわしたのだった。また、第7章で大きなスペースをとって行動主義について論じ、他者の心の不可知さの問題で締めくくっているところも、サルトルの作品の隠れたモチーフが他者の自明性の亀裂にあることと併せて、興味深い。

なお、心理学の哲学的意義や背景に関してのより進んだ読書としては、本書の各章末尾に挙げられている諸文献に加え、国産ものとして、『心理学の哲学』（渡辺恒夫・村田純一・高橋澪子共編、北大路書房、2002）、『入門・マインドサイエンスの思想』（石川幹人、渡辺恒夫共編、新曜社、2004）が薦められることを、付け加えさせていただきたい。

本書の翻訳は、新曜社の塩浦暲氏の勧めによるものであり、氏には何からなにまでお世話になった。訳稿が遅れたお詫びも含めて、記して謝意を表したい。また、本書には実習課題や演習問題などもあったが、より読み物らしくするために、割愛したことをお断りしておく。

2006年3月

訳者を代表して

渡辺恒夫

著者紹介
アンディ・ベル（Andy Bell）
マンチェスター・メトロポリタン大学心理学・言語病理学科上級講師。心理学の哲学的側面についての研究と教育に携わっている。筆跡学の研究にも取り組んでいる。

訳者紹介
渡辺恒夫（わたなべ　つねお）
1946年，福島県生まれ。
1976年京都大学大学院文学研究科博士課程単位取得退学。
現在，東邦大学生命圏環境科学科教授。
主な著書に，『心理学の哲学』（共編著，北大路書房，2002），『〈私〉という謎――自我体験の心理学』『入門・マインドサイエンスの思想――心の科学をめぐる現代哲学の論争』（共編著，新曜社，2004）がある。

小松栄一（こまつ　えいいち）

1965年，東京都生まれ。

2000年，早稲田大学大学院文学研究科博士後期課程単位取得退学（心理学）。

現在，明治大学情報コミュニケーション学部ほか非常勤講師。

訳書に，G・サーサス『会話分析の手法』（共訳，マルジュ社，1998），K・ダンジガー『心を名づけること――心理学の社会的構成』（分担訳，勁草書房，2005）がある。

新曜社
論争のなかの心理学
どこまで科学たりうるか

初版第1刷発行　2006年5月15日©

著　者　アンディ・ベル
訳　者　渡辺恒夫・小松栄一
発行者　堀江　洪
発行所　株式会社 新曜社
〒101-0051　東京都千代田区神田神保町2-10
電話(03)3264-4973・FAX(03)3239-2958
e-mail info@shin-yo-sha.co.jp
URL http://www.shin-yo-sha.co.jp/

印刷　銀　河　　Printed in Japan
製本　イマキ製本所
ISBN4-7885-0995-4　C1011

人名索引

■マ行

■ヤ行

■ラ行

■ワ行

事項索引

（ゴシックは，用語解説にある項目）

■あ行

■か行

■さ行

■**た行**

■な行

■は行

文　献

Baker, R.（1999）A bit of who's your father? *The Times Higher Education Supplement*, p.17, 29 January 1999.

Bannister, D.（1968）The myth of physiological psychology. *Bulletin of the British Psychological Society*, 21, 229-231.

Becker, J.（1977）*Hitler's Children: The Story of the Baader-Meinhof Gang*. London: Michael Joseph.［熊田全宏訳（1980）『ヒットラーの子供たち――テロの報酬』日本工業新聞社.］

Blakemore, C. and Cooper, G. F.（1970）Development of the brain depends on the visual environment. *Nature*, 228, 477478.

Brown, R.（1986）*Social Psychology*, 2nd edn. New York: Free Press.

Cochrane, R.（1983）*The Social Creation of Mental Illness*. London: Longman.

Ebbesen, E. B. and Konečni, V. J.（1975）Decision making and information integration in the courts: the setting of bail. *Journal of Personality and Social Psychology*, 32, 805-821.

Ellis, W. D.（1938）*A Source Book of Gestalt Psychology*. London: Routledge & Kegan Paul.

Ferris, P.（1998）*Dr. Freud: A Life*. London: Pimlico.

Gale, A.（1979）Psychophysiology: a bridge between disciplines. Inaugural Lecture, University of Southampton.

Goswami, U.（2000）How babies think. *The Times Higher Education Supplement*, p.28, 5 May 2000.

Gould, J. L. and Gould, C. G.（1998）Reasoning in animals. *Scientific American*, 9, 52-59.

Gregory, R. J.（1996）*Psychological Testing: History, Principles & Applications*. Boston: Allyn & Bacon.

Gregory, R. L.（1966）*Eye and Brain*. London: Weidenfeld & Nicolson.［近藤倫明・中溝幸夫・三浦佳世訳（2001）『脳と視覚――グレゴリーの視覚心理学』ブレーン出版.］

Gregory, R. L.（1970）*The Intelligent Eye*. London: Weidenfeld & Nicolson.［金子隆芳訳（1972）『インテリジェント・アイ』みすず書房.］

Harré, R. and Secord, P. F.（1972）*The Explanation of Social Behaviour*. Oxford: Basil Blackwell.

Helson, H.（1933）The fundamental propositions of gestalt psychology. *Psychology Review*, 40, 13-32.

Horswill, M. S. and McKenna, F. P.（1997）Measuring, manipulating and understanding drivers' speed choice. *Behavioural Research in Road Safety*, vol.VII. Transport Laboratory, Crowthorne, Berks.

Hospers, J.（1990）*An Introduction to Philosophical Analysis*, 3rd edn. London: Routledge.［斎藤哲郎監修（1971-1972）『分析哲学入門』5分冊, 法政大学出版局.］

Hubel, D. H. and Wiesel, T. N.（1959）Receptive fields of single neurons in the cat's striate cortex. *Journal of Physiology*, 148, 574-591.

Jung, C. G.（1989）Foreword in R. Wilhelm and C. F. Baynes（trans.）*I Ching: or Book of Changes*. London: Penguin.

Kaplan, R. M. and Saccuzzo, D. P.（1999）*Psychological Testing: Principles, Applications & Issues*. Boston: Brooks-Cole Publishing Company.

Köhler, W.（1925）*The Mentality of Apes*. New York: Harcourt Brace Jovanovich.

Laing, R. D.（1959）The Divided Self. London: Penguin［1990］.［阪本健二他訳（1971）『ひき裂かれた自己――分裂病と分裂病質の実存的研究』みすず書房; 天野衛訳（1971）『狂気の現象学――引き裂かれた自己』せりか書房.］

Laing, R. D.（1967）*The Politics of Experience and The Bird of Paradise*. London: Penguin［1990］.［笠原嘉・塚本嘉壽訳（1973）『経験の政治学』みすず書房.］

Laing, R. D. and Esterson, A.（1970 edition）*Sanity, Madness and the Family*. London: Penguin［1990］.［笠原嘉・辻和子訳（1972）『狂気と家族』みすず書房.］

Lawrence, M.（1999）Driving behaviour, unpublished dissertation, The Manchester Metropolitan University.

Lichtenstein, P.（2000）*The Daily Telegraph*, p.13, 14 July 2000.

Lorenz, K. Z.（1966）*On Aggression*. London: Methuen.［日高敏隆・久保和彦訳（1970）『攻撃――悪の自然誌』2分冊, みすず書房.］

Meyer-Bahlburg, H. F. L., Ehrhardt, A. A., Rosen, L. R. and Gruen, R. S.（1995）Prenatal estrogens and the development of homosexual orientation. *Developmental Psychology*, 31（1）, 12-21.

Milgram, S.（1963）Behavioural study of obedience. *Journal of Abnormal and Social Psychology*, 67, 371-378.

Miller, G. A.（1956）The magical number seven, plus or minus two: some limits on our capacity for processing information. *Psychology Review*, 63, 81-97.

Miller, J.（ed.）（1983）*States of Mind*. London: British Broadcasting Corporation.［橋本仁司監訳（1988）『心理学の最前線――専門家11人との対話』同朋舎出版.］

O'Connor, D. J.（1971）*Free Will*. New York: Doubleday.

Pavlov, I.（1960）*Conditioned Reflexes: An Investigation into the Physiological Activity of the Cerebral Cortex*. New York: Dover［1927］.

Penfield, W. and Rasmussen, T.（1950）*The Cerebral Cortex of Man: A Clinical Study of Localisation*. Boston: Little Brown.［岩本隆茂他訳（1986）『脳の機能と行動』福村出版.］

Reinisch, J. M.（1981）Prenatal exposure to synthetic progestins increases potential for aggression in humans. *Science*, 211, 1171-1173.

Ridley, M.（1994）*The Red Queen*. London: Penguin.［長谷川真理子訳（1995）『赤の女王――性とヒトの進化』翔泳社.］

Rose, S.（1976）*The Conscious Brain*. Harmondsworth: Penguin.

Rosenfield, D.（2000）*The Times Higher Education Supplement*, p.2, 15 October 2000.

Russell, J. G. B.（1982）The rationale for primitive delivery positions. *British Journal of Obstetrics and Gynaecology*, 89, 712-715.

Ryave, A. L. and Schenkein, J. N.（1974）Notes on the art of walking, in R. Turner（ed.）*Ethomethodology*. Harmondsworth: Penguin.

Sartre, J.-P.（1943）*Being and Nothingness*. London: Routledge［1993］.［松浪信三郎訳者代表（2005）『存在と無』（抄）河出書房新社.］

Sartre, J.-P.（1946）*Existentialism and Humanism*. London: Methuen［1948］.

Searle, J.（1991）*Minds, Brains & Science*. London: Penguin.［土屋俊訳（1993）『心・脳・科学』岩波書店.］

Shields, J.（1978）Genetics, in J. K. Wing（ed.）*Schizophrenia: Towards a New Synthesis*. London: Academic Press.

Skinner, B. F.（1938）*The Behaviour of Organisms*. New York: Appleton-Century-Crofts.

Skinner, B. F.（1960）Pigeons in a pelican. *American Psychologist*, 15, 28-37.

Soares, C.（1984）Left-hemisphere language lateralization in bilinguals: use of the concurrent activities paradigm. *Brain and Language*, 23, 86-96.

Sperry, R.（1961）Cerebral organization and behaviour. *Science*, 133, 1749-1757.

Sperry, R.（1984）Consciousness, personal identity and the divided brain. *Neuropsychologica*, 22, 661-673.

Stoner, J. A. F.（1961）A comparison of individual and group decisions including risk, unpublished thesis, Massachusetts Institute of Technology, School of Management.

Thorndike, E. L.（1911 ）*Animal Intelligence*. New York: Macmillan.

Tinbergen, N.（1951）*The Study of Instinct*. Oxford: Oxford University Press.［永野為武訳（1957）『本能の研究』三共出版.］

Wann, T. W.（ed.）（1964）*Behaviourism and Phenomenology*. Chicago: University of Chicago Press.

Warden, C. J.（ed.）（1931）*Animal Motivation: Experimental Studies on the Albino Rat*. New York: Columbia University Press.

Warnock, M.（1992）*Existentialism*. Oxford: Oxford University Press［1970］.

Watson, J. B.（1924）*Behaviourism*. Chicago: University of Chicago Press.［安田一郎訳（1980）『行動主義の心理学』改訂版, 河出書房新社.］

Weiskrantz, L.（1986）*Blindsight: A Case Study and Implications*. Oxford:

Clarendon Press.
Wertheimer, M. (1923) *Investigations of the Doctrine of Gestalt* (English trans, by W. D. Ellis, 1938). London: Routledge & Kegan-Paul.
Zajonc, R. B. (1965) Social facilitation. *Science*, 149, 269-274.

用語解説

それぞれの用語は本文中で初出の際に**太字**で示してある。

言い間違い　slips of the tongue　しばしば「フロイト的言い間違い」とも呼ばれる。会話のなかの「誤り」を指し，個人の無意識の欲求を明かすものとされる。

一卵性　monozygotic　一卵性双生児は一個の卵子が受精した結果なので，遺伝的に同一である。

エスノメソドロジー　ethnomethodology　社会的に取り決められ，創造された「リアリティ」に関する知識を得るための，心理学と社会学のアプローチ。その強調点は，そうした取り決めの基礎にある——また特定の集団の成員自身によって基礎にあると理解されている——規則に接近し，それを明らかにすることである。

外的妥当性　external validity　実験室のなかの研究結果を，どの程度まで外の現実の世界に「対応づける」ことができるかということ。

カウンターバランス　counter-balancing　考えられる順序効果を消すために用いられる実験上の手続き。被験者に二つの課題を与えてその成績を比較する場合，被験者の半数には課題 x を先に，残りの半数には課題 y を先に実施する。こうして疲労や練習などの順序効果は，すべて二つの課題に均等に「広がる」ことになる。

学習性無力感　learned helplessness　動物が，回避できない電気ショックなど，不快な状況に絶えずさらされていたことで生じた状態。最後に回避の手段が与えられても，それまでの行動のことごとくが回避の役に立たないことを学習しているため，動物は何もしようとしない。この動物は以前の行動の結果から，どうにもならないという無力さを学習してしまったのである。

カテゴリー錯誤　category error　何かが特定の集団や集合に属していると

誤って信じることによる本質的な混乱のこと。たとえば，もし「心」が物質的な「物」ではないなら，残りの身体とは違って「病気」にはなりえない。したがって「心の病気」という考え方自体，カテゴリー錯誤による誤った産物である。

屈折率　refractive index　ある物質から別の物質へと通過するときに，光がどれくらい曲がるか，あるいは「屈折する」のかは一定しており，したがって，たとえば水と空気のように，二つの媒体について判明している指標を使えば，前もって計算することができる。

系統発生　phylogenetic　特定の種の進化や発達に関するもの。これに対して種のなかの特定の個体の発達を指すのが「個体発生」である。

行動生態学　behavioural ecology　動物の行動がその生態学的な環境（社会的な環境も含む）からの進化圧力によってどのように形成されるかの研究。

個人差　individual differences　パーソナリティや知能のように，個人の違いを示すことのできる，心理学的な特性または次元。

個性記述的　idiographic　その人々の独自なところ，あるいは個人的なところに関係したもの。

再現性　replicable　ある実験を，別の研究者が時間的にあとになって，もとの研究者が採用したのと正確に同じ手続きを使って反復できる場合，その実験は再現性があるといわれる。

志向性　intentionality　心的な状態には「志向性」がある。これは，心的な状態とは外の世界の出来事や対象など何か**について**のものだ，という意味である。

自発的回復　spontaneous recovery　一度学習して**消去**されていた反応が再び出現すること。

消去　extinction　オペラント条件づけの場合は，反応を強化するものがなくなることで，また，古典的条件づけの場合は，条件刺激と無条件刺激の対の呈示が停止することで，学習された反応が徐々に消失していくこと。

心的中継　mental way-stations　刺激と動物の反応との間に，また，動物の反応とその反応の効果との間に，何らかの心的な活動が生じているという考え方。

脆弱性ストレス　diathesis-stress　精神医学的な障害の原因に対する一つのアプローチであり，生物学的な素質としての脆弱性と環境からくるストレスが特定の障害を促進ないし誘発すると仮定する。

節約の原理　law of parsimony　二つの理論が妥当性の点で同等だと思われるときに，より複雑ではない方を採用すべきだという考え方。

トークン・エコノミー　token economy　行動療法の一つで，ある特定の望ましい行動，あるいは「目標となる」行動を患者が示したときに，トークン（代用硬貨）が報酬として与えられる。このトークンは患者にとって価値のあるもの，煙草やチョコレートと交換される。

内観　introspection　自分自身の心的な事象や過程を覗き込んで研究し，それについて報告するという行為。

内的妥当性　internal validity　独立変数と従属変数の関係に関する実験者の確信の程度。実験の設定のなかの因果的な結びつきについて，実験者がどの程度の自信を持っているかということ。

二卵性　dizygotic　二卵性双生児は二つの卵子が二つの精子によって（ほぼ）同時に受精した結果である。したがって，この双子は遺伝的な類似という点では別々に生まれた二人の兄弟姉妹と何ら変わりがない。

認識論　epistemology　世界についての知識を得るために用いられる方法，ならびに特定の方法で得られた知識の地位あるいは「真理値」の分析に関する理論。

脳電図　EEG　electroencephalogram の略。脳の電位変化を記録する。これは頭皮に電極を貼り付けるもので，脳内に侵入しない手続きである。

パラダイム　paradigm　たとえば心理学など，特定の学問分野のメンバーによっておおむね同意されている一連の態度，価値，確立された方法論上の手続きのこと。

ヒト以下　infra-human　進化論的な発達の度合いが人間よりも低い，あるいは劣っていること。

標準偏差　standard deviation　標本の得点がその標本の平均からどれくらいへだたっているかを示す数値。

標本誤差　sampling error　母集団の真の値とその母集団の標本を実際に測定して得られた値の間に存在する何らかの差を記述する用語。

法則定立的　nomothetic　個人間の類似性に関するもの。人々の間で一般的なものや普遍的なものに関係する。

無作為化　randomisation　カウンターバランスと同様の手続きだが，この場合には，被験者を完全にランダムに割り振って，二つの課題のどちらを先にするかを決める。

連合学習　associative learning　オペラント条件づけの場合には，これは動物が自分の行動をそこから生じる何らかの結果と関連づけて学習する様子を表している。古典的条件づけでは，反射を生じさせる刺激と反射を生じさせない中立的な刺激を連合させる，あるいは「対にする」学習のことである。こうして対になると，連合学習が成立して，中立的な刺激だけでも反射が生じるようになる。